FONTAINEBLEAU

ou

...RIQUE ET DESCRIPTIVE

DE CETTE RÉSIDENCE ROYALE.

PAR E. JAMIN,

...esseur de l'Université, ... du Palais
et à la Régie du Domaine de Fontainebleau.

Deuxième Édition,

...... AUGMENTÉE DES PARTICULARITÉS NOTABLES DEPUIS 1830
JUSQU'À NOS JOURS ET D'UNE CARTE DE LA FORÊT.

FONTAINEBLEAU.

..... LIBRAIRE-ÉDITEUR, RUE DE FRANCE
..... DELAUNAY, LIBRAIRE, PALAIS-ROYAL

1834.

FONTAINEBLEAU.

FONTAINEBLEAU

OU

NOTICE HISTORIQUE ET DESCRIPTIVE

SUR CETTE RÉSIDENCE ROYALE.

PAR E. JAMIN,

Ancien Professeur de l'Université, Commis à la Conciergerie du Palais
et à la Régie du Domaine de Fontainebleau.

Deuxième Édition,

REVUE ET AUGMENTÉE DES PARTICULARITÉS NOTABLES DEPUIS 1830
JUSQU'A NOS JOURS ET D'UNE CARTE DE LA FORÊT.

FONTAINEBLEAU.

S. PETIT, LIBRAIRE-EDITEUR, RUE DE FRANCE.
PARIS, DELAUNAY, LIBRAIRE, PALAIS-ROYAL.

1838.

A

M. LE COMTE DE MONTALIVET,

PAIR DE FRANCE,

MINISTRE SECRÉTAIRE D'ÉTAT

AU DÉPARTEMENT DE L'INTÉRIEUR,

Ancien Intendant-Général de la Liste Civile.

Monsieur le Comte,

Il y a deux ans vous avez bien voulu applaudir à l'idée d'un Compte-Rendu *des* Additions, Restaurations et Embellissemens exécutés au Palais de Fontainebleau, par les ordres de S. M. LE ROI DES FRANÇAIS, *et vous avez eu la bonté de permettre qu'il parût sous votre patronage.*

Je viens, Monsieur le Comte, de fondre cet Opuscule dans la Notice historique et descriptive *que j'ai publiée en 1833, sur cette résidence royale, et dont voici la deuxième édition : permettez-moi de vous en offrir la dédicace.*

Pendant long-temps associé à la haute pensée qui depuis cinq ans préside aux destinées du Palais de Fontainebleau, vous sentirez sans doute, Monsieur le Comte, que je ne pouvais placer sous de meilleurs auspices un ouvrage qui traite de la grande œuvre de sa régénération.

Je suis avec un profond respect,

Monsieur le Comte,

Votre très humble

et très obéissant serviteur,

E. JAMIN.

Fontainebleau, 1ᵉʳ Juillet 1838.

AVANT-PROPOS.

AVANT-PROPOS.

L'histoire du Palais de Fontainebleau se lie si étroitement à notre histoire nationale, que chaque point de ce vaste édifice éveille un souvenir et rappelle un événement mémorable. Ici, le ciseau de l'artiste a empreint sur le grès la simplicité austère de la royauté féodale: là, guidé par le génie de la Renaissance, il s'est aidé du pinceau du Primatice pour retracer la valeur chevaleresque de François Ier, et les amours de Henri II. — Diane de Poitiers, Gabrielle, Henri IV et Sully, Louis XIII et Richelieu, Louis XIV et Colbert nous y apparaissent à chaque pas : enfin une partie du riche ameublement qui décore ce palais y atteste le passage de celui qui semble n'y avoir apparu, que pour y laisser la trace de l'une des plus grandes vicissitudes de la puissance humaine.

Mais l'auteur de cette Notice abandonne à une main plus habile la tâche de dérouler ce vaste tableau. Il ne s'est proposé qu'un but d'utilité, celui d'initier le lecteur à la connaissance des principales beautés que renferme ce château, et aux plus frappans souvenirs qu'il rappelle. Il s'est appliqué à mettre sous les yeux des amis des arts les détails de cet assemblage de Palais qui présente des contrastes si imposans et si divers. Heureux si son modeste travail, quoique renfermé dans des bornes très étroites, pouvait éveiller des inspirations dignes de l'œuvre généreuse due au goût éclairé du Roi.

S. M. Louis-Philippe, en ordonnant les importans travaux à exécuter au Palais de Fontainebleau, a fait, assure-t-on, aux hommes de l'art chargés de les diriger, la recommandation suivante :

« Rétablissez le Fontainebleau de François Ier, de
« Henri II, de Henri IV ; et rendez la vie à ces belles
« peintures du Primatice, sans en changer la com-
« position ni en altérer le caractère. »

Ainsi, presque délaissé depuis Louis XIV jusqu'à l'Empire, puis négligé sous la restauration, le palais de Fontainebleau reprend d'année en année son ancienne splendeur. Après la révolution de 1830, dès le premier voyage qu'y a fait le nouveau chef de l'État, il a conçu la pensée de faire revivre les créations de la Renaissance que le temps n'avait point encore entièrement détruites. Duc d'Orléans, on l'avait entendu déplorer l'abandon dans lequel on laissait cette résidence royale, et déclarer que si, dans ses domaines, se trouvait un pareil monument, rien ne lui coûterait pour lui rendre tout son éclat, en conservant religieusement son cachet primitif.

Devenu roi des Français, il a tenu parole. L'un de ses premiers souvenirs a été pour Fontainebleau.

A sa voix les travaux de restauration et d'embellissement ont été entrepris et se poursuivent avec persévérance. Ils sont parfaitement conçus, car, durant les loisirs de l'exil, Louis-Philippe a fait une étude spéciale de l'architecture et des beaux-arts, comme délassement des longues veilles qu'il a consacrées aux sciences exactes.

Les intentions du roi ont trouvé un digne interprète dans un intendant-général [1] sorti de la première école du monde, et élevé aux plus hautes dignités de l'État, à l'âge où d'ordinaire l'homme public commence sa carrière : sous ses ordres, les travaux ont commencé et se sont poursuivis avec ensemble.

Un architecte distingué, M. Dubreuil, et son inspecteur, M. Giroust, dont les études ont été faites sous les grandes inspirations de l'Italie, ont été chargés de surveiller l'exécution des plans, à la rédaction desquels ils ont concouru.

Trois peintres, connus par de brillans succès, ont été appelés à compléter l'œuvre de la régénération du Palais. Les magnifiques peintures de la salle

---

[1] M. le comte de Montalivet, pair de France, aujourd'hui ministre de l'intérieur, ancien élève de l'École polytechnique.

de Henri II ont été confiées au pinceau de M. Alaux, auteur d'un riche plafond au palais du Louvre et de plusieurs tableaux très remarquables, parmi lesquels nous ne citerons que sa jolie Pandore. Les fresques, en partie détruites, de l'ancienne Chambre d'Alexandre, ont été restaurées par M. Abel de Pujol, dont le nom est si honorablement attaché à deux des principaux monumens de Paris, ainsi qu'au Palais de Fontainebleau dans la galerie de Diane. Enfin les précieux restes des peintures de la porte Dorée ont reparu sous le pinceau de M. Picot, qui, outre deux magnifiques plafonds ornant deux salles du Louvre, a produit un très grand nombre de beaux ouvrages, parmi lesquels on peut citer comme un chef-d'œuvre, le tableau de l'Amour s'échappant des bras de Psyché. M. Mœnch, le digne continuateur de son père, premier peintre de décors de l'Empereur, a été chargé, de son côté, des restaurations et ornemens qui se rattachent à sa spécialité. La belle salle des Gardes, en grande partie son ouvrage, a donné la mesure de son talent, de son goût, et de l'étude approfondie qu'il a faite des bonnes traditions. Grace à ces habiles artistes, les peintures du Primatice, ainsi que les élégantes décorations de Paul Bril, sont successivement rendues à la vie, et, dans peu d'années, la France jouira d'une seconde, riche et complète édition du Fontainebleau de François 1er.

FONTAINEBLEAU,

PAR CLOVIS MICHAUX,

CHEVALIER DE LA LÉGION-D'HONNEUR.

FONTAINEBLEAU[1].

Ville où le Temps chemine à pas appesantis,
Riche de souvenirs, mais pauvre d'industrie;
    Des blessés de tous les partis
    Tranquille et douce infirmerie;
FONTAINEBLEAU, salut! La paix est avec toi.
Sommeiller dans ta gloire est ton royal emploi.
Fatigué de Paris, le rêveur solitaire
Aime à voir, sans témoins, fleurir ton vieux parterre,
Libre arène, où jamais son regard curieux
D'un second promeneur n'a rencontré les yeux.
Il aime, quand, le soir, son démon l'y ramène,
A visiter ton parc et son désert si beau;
    A fouler, comme son domaine,

---

[1] Fontainebleau a inspiré plus d'un poète. Nous croyons devoir placer en tête de cette Notice une pièce de vers inédite, que nous tenons de la main de l'auteur, M. Clovis Michaux, membre de plusieurs sociétés savantes et littéraires, aujourd'hui Procureur du Roi près le tribunal civil de cet arrondissement.

XII — FONTAINEBLEAU.

Ce sable, où nulle trace humaine,
Avant lui n'effaça la trace du rateau.

Et quand des vents du Sud l'haleine parfumée
Dore ce beau raisin qui fait ta renommée,
Il rit aux doux trésors exposés à sa foi,
Qui pendent en festons à la *Treille du Roi*.
    Observateur, libre d'envie,
    Assis sur ton moelleux gazon,
Au bord des belles eaux à qui tu dois ton nom,
Il savoure un air pur qui rajeunit sa vie.
S'il prise tes jardins, tes bassins et tes fleurs,
Il chérit ta forêt, amphithéâtre immense
    D'une scène sans spectateurs.
Il aime à se plonger dans son vaste silence :
Sa majesté l'étonne, et déroule à ses yeux
Un tableau tour à tour sauvage et gracieux.
Ici, c'est la futaie aux rameaux séculaires;
Là, le taillis modeste; et là, d'humbles bruyères.
Ici, le pin s'élance, et son faîte mouvant
Mugit, comme la vague, aux rafales du vent.
Là, des rocs, détachés de leur base profonde,
S'entassent sur des rocs contemporains du monde;
Mystérieux chaos, vieux caprices du Temps,
Pittoresques débris du combat des Titans.
Mille aspects variés posent devant l'artiste :
    Lantara par eux inspiré

Sentit éclore un jour son talent ignoré ;
Et le pâtre grossier devint paysagiste.

Mais plus que tes rochers, que ton jardin anglais,
Plus que ton noble parc dessiné par *Le Nôtre*,
Ce qui plaît au penseur, c'est ton vaste palais,
Rendez-vous de châteaux accoudés l'un sur l'autre [1] ;
Pompeux amas d'arceaux, de pavillons, de toîts,
Qu'ont jetés en passant trois siècles et dix Rois ;
Asyle où le Plaisir cacha tant de mystères,
  Où d'une rivale splendeur
Ont brillé la beauté, le talent, la grandeur,
Où vinrent s'abriter tant d'illustres misères.

Magnifique sépulcre orné par tous les arts,
Il appelle, il attriste, il charme nos regards.
Là, chaque âge, en fuyant, a laissé son empreinte.
Les souvenirs en foule en ont peuplé l'enceinte.
  A la voix de *François premier*
Se dressa la moitié de l'immense édifice :
Son règne aventureux y revit tout entier
  Dans les fresques du *Primatice*,
Et dans la *Salamandre*, ingénieux caprice,
  Devise du Roi chevalier.
Avec lui commença le long règne des Belles,

---

[1] *Rendez-vous de châteaux;* mot d'un voyageur anglais.

Dynastie en corset, au joug voluptueux :
Ici, dans un croissant, *Diane* et *Henri deux*
      Jusques aux portes des chapelles
Osèrent enlacer leurs chiffres amoureux.
Ici le Béarnais jeune encor vint s'ébattre ;
Et l'on cherche ses pas sur ce *mail d'Henri quatre*,
Que du fond d'un boudoir contempla *Maintenon*.
Quel passé merveilleux se réveille à ce nom !
Quel règne ! Quelle soif de gloire et de conquêtes !
Quel goût dans les plaisirs ! Quel luxe dans les fêtes !
De quel éclat ces lieux durent être éblouis,
Quand une Cour guerrière, élégante, lettrée,
En foule s'y pressait sur les pas de *Louis* !
Tout son siècle a passé par la *Porte-Dorée*.

Des vestiges fameux partout s'offrent à moi:
C'est là que s'éteignit le vainqueur de Rocroi.
Là, *Biron* fut captif. Là, fort de son courage,
Un Pontife romain promena son vieil âge,
Prisonnier du soldat qu'il avait sacré Roi.

Sous ces mêmes lambris qu'a parés sa tiare,
S'était assis jadis ce visiteur bizarre,
Cet hôte, de *François* le rival indompté,
Ce monarque sans foi, de qui l'étrange envie,
      Un jour, du vaincu de Pavie
      S'en vint tenter la loyauté ;
Ce *Charles-Quint*, du trône émigré volontaire,

Qui, las de soutenir la moitié de la terre,
    Atlas que le faix accablait,
    Quitta, dans un transport mystique,
Le manteau des Césars pour le froc monastique,
    Deux sceptres pour un chapelet.
A ce prix, trop heureux s'il a sauvé son ame!

    Mais qu'aperçois-je ici? du sang?
Du sang! qui l'a versé? — Témoins d'un meurtre infâme,
Ces murs, qu'avec horreur j'interroge en passant,
    Murmurent le nom d'une femme :
Christine..... Jeune encore! et fille d'un héros!
Elle aussi dédaigna les insignes royaux,
Fit présent de son sceptre à qui voulut le prendre,
Et, sur le trône assise, eut l'orgueil d'en descendre.
Hé! que m'importe à moi qu'aux charmes du pouvoir
Elle ait su préférer les honneurs du savoir,
Si son cœur fut d'airain, si son orgueil immense
Avec le diadême abdiqua la clémence?
Ah! qui fut sans pitié doit rester sans pardon.
Un homme à qui son cœur s'ouvre avec abandon,
Un ingrat s'est joué de son amour profane :
Offensée, elle accuse; et juge, elle condamne.
Elle condamne à mort. De quel droit? juste Dieu!
Sous quelles lois vit-elle? En quel siècle? En quel lieu!
Où trouver un bourreau pour l'horrible supplice?
Mais le cœur d'une femme a toujours un complice.

Christine a commandé : son arrêt odieux
S'exécute au grand jour, à ses pieds, sous ses yeux.
D'élégants meurtriers se sont chargés du crime.
Grâce ! au nom du Sauveur ! lui cria sa victime :
Non ! répondit la Reine, *assez ! il faut mourir !*
Et, le soir, sans remords on la vit s'endormir ;
Et, le soir, dans *Avon*, les femmes, en prière,
Lisaient : *Monaldeschi*, sur une étroite pierre,
En détestant la main de qui l'impiété
Rougit de sang l'autel de l'hospitalité.

Loin de cette scène cruelle,
Un souvenir plus grand, plus touchant nous appelle.
Noble palais, quel souvenir !
Tes murs avec orgueil naguère
Possédaient celui que la terre
Pouvait à peine contenir.
Au temps de sa puissance en orages fertile
Il aima ce séjour et sa pompe tranquille.
Embellis par ses soins, ces lieux sont pleins de lui :
Souvent de son œil d'aigle ici l'éclair a lui :
Il a vécu, pensé, sous ces voûtes royales :
Mille fois de ces vastes salles
Sous ses éperons d'or le parquet résonna :
Voici la large couche où ce prince du glaive
Rêvait de Marengo, d'Austerlitz, d'Iéna.
Ici s'acheva ce beau rêve !

Ici, vaincu, cerné par la ligue des Rois,
Le héros couronné descendit du pavois,
Et, proscrit, dépouilla sa pourpre militaire,
Offerte en holocauste au repos de la terre.

Spectacle solennel! De la cour des Adieux
Je le vois qui descend le perron fastueux :
De ses amis en pleurs la foule l'environne;
Près de lui j'aperçois l'intrépide *Cambronne*,
Le fidèle *Bertrand*, le vertueux *Drouot*;
Montesquiou, *Belliard*, *Fain*, *Athalin*, *Gourgaud*,
Courtisans du malheur, eux qu'un temps plus prospère
Doit revoir entourant un trône populaire.
  Pour eux, pour l'Empereur, quel jour!
Sa vieille Garde est là, couvrant la vaste cour;
  Sa Garde, compagne fidèle,
Qui lui voua quinze ans de respects et d'amour!

Le conquérant déchu se place au milieu d'elle.
Il veut parler. Silence! «O mes braves Soldats,
« Dit-il, nobles débris de vingt ans de combats;
« Il faut nous séparer. Notre gloire commune,
« Nos triomphes sans nombre ont lassé la Fortune.
« Il faut céder; je pars; recevez mes adieux.
« Je pourrais, prodiguant votre sang précieux,
« Faire un dernier appel à vos cœurs héroïques,
« Et partager la France en deux camps politiques;
     **

« Mais la guerre civile est le pire des maux ;
« J'en veux à la Patrie épargner les fléaux.
« Fidèles à l'honneur, servez cette patrie.
« Qu'ensemble nous avons défendue et chérie.
« Puisse luire pour elle un meilleur avenir !
« Vous tous, soyez heureux ! Gardez mon souvenir.
« Ne plaignez pas mon sort ; consolé par la Gloire,
« Dans l'exil j'écrirai notre immortelle histoire ;
« Vaincu, je redirai nos exploits triomphans.
« Adieu, mes compagnons ! mes amis ! mes enfans !
« Adieu ! Votre Empereur, à ce moment suprême,
» Voudrait vous presser tous sur ce cœur qui vous aime.
« Approchez ce drapeau. Pour en voiler l'affront,
« Que mon Aigle expirante ombrage encor mon front :
« Que je baise, en partant, l'étendard tricolore.
« De votre Général approchez tous encore,
« Enfans ! entourez-moi pour la dernière fois. »
Des sanglots étouffés soudain brisent sa voix.
Ses braves comme lui se taisent ; mais des larmes
S'échappent de leurs yeux et roulent sur leurs armes.
On veut baiser ses mains, toucher ses vêtemens.
Le Grand-Homme s'arrache à leurs embrassemens :
Il part, il va quitter le doux ciel de la France,
Non sans d'amers regrets, mais non sans espérance.
Proscrit, son repos même effraîra l'ennemi ;
Pareil au fier lion dans sa force endormi,
   Que de loin la terreur surveille.

FONTAINEBLEAU.

Guerriers, Peuples et Rois, tremblez qu'il ne s'éveille !

Vingt ans sont écoulés. Napoléon n'est plus.
Le temps a rapproché les vainqueurs, les vaincus.
Oubliant les splendeurs et le joug de l'Empire,
Sous l'aîle de la Paix l'humanité respire :
Le Ciel en soit loué ! La guerre a ses attraits ;
Il est noble, dit-on, de régner par la guerre,
De fouler en vainqueur une terre étrangère ;
Mais régner par les Lois, mais grandir dans la paix,
Mais de la Liberté propager les bienfaits,
Cette gloire a son prix : sa conquête immortelle
Fit soupirer Numa, séduisit Marc-Aurèle ;
Elle est, Roi des Français, le but de tes efforts.
A ta voix, tous les arts ont ouvert leurs trésors.
Leurs magiques travaux que ton sceptre encourage
Dans ce Palais aussi marqueront ton passage.

Déjà de toutes parts revivent palpitants
Cent chefs-d'œuvre flétris par la rouille du temps ;
Tout s'anime en ces murs ; et leur magnificence
Voit resplendir les jours d'une autre *Renaissance*.

De ce vieux camp royal quand les bleus pavillons
  Le soir vont s'allongeant dans l'ombre,
Quand la lune, à minuit, sur l'ardoise moins sombre
  Verse l'argent de ses rayons,
Des Rois tes devanciers, on dit que sous ces dômes
Parfois on voit errer les timides fantômes.
Ils montent à pas lents ces spirales de grès

Dont leurs pieds tour à tour ont usé les degrés.
A travers les salons pleins de leurs armoiries,
Les élégants boudoirs, les riches galeries,
François premier les guide; et jusqu'au point du jour
Mille spectres légers viennent former leur Cour.
Hommes d'État, guerriers, prélats, beautés célèbres
Surgissent autour d'eux au milieu des ténèbres;
Heureux et fiers de voir leurs siècles exhumés,
Et, rajeunis par toi, les lieux qu'ils ont aimés.
Aux antiques vitraux qui de loin les décèlent
Leurs yeux tout flamboyants quelquefois étincellent.
Ils s'arrêtent enfin sous ces pompeux lambris
Que scella de son nom le second des Henris :
Du haut de la tribune, un essaim fantastique
Contemple cette salle immense et magnifique
Dont ton souffle puissant recréa la splendeur :
Nul vivant ne la voit sans un cri de stupeur;
Mais les morts sont muets; dans cette étrange veille,
Quand ils ont admiré la royale merveille,
Pour en garder l'image ils referment les yeux,
Puis regagnent leur tombe, à pas silencieux.

FONTAINEBLEAU.

PREMIÈRE PARTIE.

HISTORIQUE.

FONTAINEBLEAU.

I.

FONTAINEBLEAU.

AVANT FRANÇOIS Ier.

De toutes les résidences royales, en France, Fontainebleau est, sans contredit, la plus ancienne et la plus riche de souvenirs. C'est en même temps celle dont l'origine est le moins exactement déterminée. L'étymologie de son nom a été l'objet de quelques controverses, toutes également puériles, puisqu'il s'agit de savoir s'il lui vient d'un chien du nom de *Bléau*, ou bien de la limpidité des eaux de ses fontaines. Ces sortes d'incertitudes plaisent d'ailleurs à l'imagination, et sont, suivant l'expression d'un chroniqueur moderne, les lignes courbes de l'Histoire.

On sait, d'une manière certaine, que, vers le milieu du douzième siècle, Fontainebleau existait; une charte, donnée par Louis VII, et terminée ainsi : *Actum publicè apud Fontene-Bleaudi in palatio nostro, anno domini* 1169, (donné publiquement dans notre palais de Fontainebleau, l'an 1169) ne laisse aucun doute à cet égard.

On sait encore que Louis-le-Jeune construisit, dans son manoir de Fontainebleau, une chapelle qu'il fit consacrer, sous l'invocation de saint Saturnin, par Thomas Becket, archevêque de Cantorbéry, qui, par suite de discussions violentes avec le roi Henri II, avait été forcé de quitter l'Angleterre et de se réfugier en France.

Philippe-Auguste habita aussi Fontainebleau; il parait même qu'il y vint souvent, à en juger par le grand nombre de chartes datées de cette résidence royale, parmi lesquelles on peut en citer une, de 1186, qui ordonnait de faire remettre à l'Hôtel-Dieu de Nemours, tout le pain qui resterait de sa table, pendant les séjours qu'il ferait à Fontainebleau. En 1191, à son retour de la croisade contre les Sarrasins, il y passa les fêtes de

Noël, et y donna des ordres pour différens travaux d'embellissement qui furent exécutés.

Louis IX, que sa piété fit mettre au rang des saints, se plaisait beaucoup à Fontainebleau, qu'il appelait *ses déserts*. De grandes constructions y furent faites sous son règne, et l'on voit encore aujourd'hui un pavillon qui a conservé le nom de ce prince, quoiqu'il ait été rebâti sous François 1er.

C'est là que Saint-Louis, étant gravement malade et croyant mourir, fit approcher de son lit de douleur son fils, à qui il adressa ces paroles mémorables : « Biau fils, je te prie que tu te « faces amer au peuple de ton royaume, car « vraiment je aimerais mieux qu'un Escot venist « d'Écosse, et gouvernast le peuple du royaume « bien et loïalement, que tu le gouvernasse mal « apertement. »

Saint-Louis ne se contenta pas d'augmenter les bâtimens du palais, pour lequel il avait une prédilection particulière : ce n'était pas encore assez pour lui d'y avoir fait construire une église dédiée à la Sainte-Trinité, il fallait qu'une de ses grandes vertus, la charité, y fût consacrée par un monument durable.

Fontainebleau à cette époque n'était qu'un misérable hameau : le peuple qui l'habitait ne vivait que des bienfaits du souverain, et, en l'absence de la cour, il était très malheureux. Saint-Louis pourvut au soulagement de la classe pauvre, en fondant un hôpital qu'il dota d'une manière convenable : on peut dire, avec assurance, que partout où les rois de France habitent, on est sûr de trouver la maison de Dieu et la maison des indigens.

Le persécuteur des Juifs, le destructeur de l'ordre des Templiers, Philippe-le-Bel, naquit à Fontainebleau en 1262, et y mourut en 1314.

« Après que le roy fut venu à Corbeil, rapporte
« *la Chronique de Flandres*, un jour luy prit talent
« d'aller à la chasse, il vied venir le cerf vers lui, si
« sacqua son épée, et ferit son cheval des éperons,
« et cuida à ferir le cerf; et son cheval le horta
« encontre un arbre de si grande roideur que le
« bon roy cheut à terre, et fut moult durement
« blessé au cœur; puis, le prirent ses gens, et fut
« porté à Corbeil. Là lui agreva sa maladie moult
« fort, et quand veid que mourir lui convenait,
« si fit son testament et prit ses derniers sacre-
« mens, et puis mourut le beau roy Philippe à
« Fontainebleau. »

C'est Philippe-le-Bel qui, par son mariage avec la reine de Navarre, unique héritière de ce petit royaume, le réunit à la couronne de France. On prétend que son cœur et celui de la reine, son épouse, furent déposés dans l'église d'Avon, qui était alors la paroisse de Fontainebleau; mais cette opinion est tellement controversée, qu'on ne peut y ajouter foi, et que, d'ailleurs, pour vérifier ce fait, il ne nous reste d'autre monument que la pierre tumulaire qui est à l'entrée du chœur, et sur laquelle on voit encore l'image gravée d'un roi, avec les emblèmes du souverain pouvoir et quelques restes de lettres gothiques.

On ignore si Philippe-le-Bel contribua à l'embellissement du palais, non plus qu'à son agrandissement : ses successeurs, et notamment Charles vii, y firent exécuter des constructions nouvelles : Louis xi y commença une bibliothèque, que Louis xii fit ensuite transporter à Blois, où la cour faisait alors sa résidence et qui était le siége du gouvernement.

II.

FONTAINEBLEAU

SOUS FRANÇOIS Ier ET SES SUCCESSEURS, JUSQU'A HENRI IV.

—

Ce ne fut que sous le règne de François Ier que Fontainebleau prit rang parmi les édifices remarquables. Après avoir lutté pendant plusieurs siècles contre le pouvoir royal, l'aristocratie née de la féodalité venait de recevoir de la politique astucieuse de Louis XI, le coup le plus violent qui lui eût jusqu'alors été porté. Ce prince, dont le règne peut se résumer dans les expressions suivantes : « Le despotisme sans gloire est un monstre « dans la civilisation, parce que la tyrannie est « sans prétexte, et la servitude sans excuse, » n'avait rien ménagé pour écraser ce qu'il appelait *l'hydre de la monarchie*. Les propriétaires des grands fiefs, contraints de céder à la force, vinrent se consoler de leur chute et de la destruction d'une grande partie de leur pouvoir, en apportant à la cour de leur vainqueur leurs fortunes et leurs mœurs chevaleresques.

François 1er profita adroitement de cet immense avantage que lui avait légué Louis XI : ses manières franches, nobles et polies, cette finesse de galanterie qui l'a toujours distingué, sa bravoure, qui tenait de l'audace, lui donnèrent un grand ascendant sur ses vassaux presque vaincus, et les attachèrent à sa fortune ; c'est sous son règne que, fatigués de guerroyer sans espoir de succès, et lassés de *bouder*, ils vinrent se grouper autour du trône, et donnèrent à la royauté cette force qui a toujours été en croissant, jusqu'à la fin du règne de Louis XIV.

On doit donc dater véritablement, du quinzième siècle, l'existence de Fontainebleau ; car c'est alors que cette ville commença à prendre cet accroissement qui l'a fait parvenir au rang qu'elle occupe parmi les cités françaises : alors, on vit s'y élever, comme par enchantement, cette prodigieuse quantité d'hôtels magnifiques, construits sur des terrains que concéda la couronne, et dont il ne reste plus aujourd'hui que quelques vestiges.

François 1er, voulant en faire sa résidence habituelle, fut obligé d'agrandir le château et de le mettre en harmonie avec la magnificence de sa cour; pour cela, il fit abattre une grande partie des anciennes constructions, et rebâtir la chapelle de la Sainte-Trinité, dont les peintures du plafond n'ont été exécutées que sous Henri IV, par *Fréminet*, qui mourut avant d'avoir pu y mettre la dernière main. D'un autre côté, des travaux étaient exécutés dans diverses salles et galeries du palais, sur les dessins du *Primatice*, et par les meilleurs peintres de ce temps-là : François Ier préludait ainsi aux merveilles du siècle de Louis XIV.

Les arts ne trouvèrent pas seuls accès dans le palais de Fontainebleau, les lettres vinrent aussi y occuper leur place : une bibliothèque, riche de manuscrits des langues anciennes, y fut établie en 1530. Le tumulte des guerres civiles ne permit pas de laisser en péril ce précieux trésor, et, plus tard elle fut transportée à Paris par les soins du savant *Guillaume Budée* : elle ne fut rétablie que sous l'empire.

On ne saurait faire un pas dans ce palais historique, sans être frappé par quelque souvenir intéressant. Sous François Ier, on y voit arriver, en 1539, l'empereur Charles-Quint, qui, voulant aller châtier les Gantois révoltés, obtint du roi la permission de passer par la France, où l'amenait d'ailleurs le désir curieux de juger jusqu'à quel point était méritée la réputation de restaurateur des lettres et des arts, que s'était acquise le chef du gouvernement. Reçu d'abord à Bayonne, par les deux fils du roi, le Dauphin et le duc d'Orléans, le monarque espagnol fut accueilli, à son arrivée, sur la lisière de la forêt de Fontainebleau, du côté de Nemours, par l'élite de la noblesse française qu'accompagnait une foule de personnes déguisées en dieux et en déesses *bocagères* (comme dit le père Dan), dansant et chantant au son du hautbois. Ce cortége grotesque conduisit l'empereur jusqu'au château, où il fit son entrée par la grande avenue (celle de Maintenon) sous un arc de triomphe orné de trophées et enrichi de peintures allégoriques analogues à la circonstance. Là, il était attendu par le roi de France, qui lui donna l'accolade en signe d'amitié. Les fêtes les plus brillantes signalèrent son séjour dans cette résidence royale, et rarement on y déploya plus de magnificence.

On peut juger de la généreuse franchise de François 1er, et de la confiance qu'inspirait son caractère chevaleresque, en voyant son rival de gloire se remettre ainsi entre ses mains. L'anecdote suivante, qui a rapport au séjour de Charles-Quint à Fontainebleau, mérite d'être citée ici pour donner une idée de la noblesse des sentimens du roi de France.

La célèbre *Anne de Pisseleu, duchesse d'Etampes*, maîtresse du roi, ayant conseillé à ce prince de retenir Charles-Quint prisonnier, jusqu'à ce qu'il eût révoqué le traité de Madrid, onéreux pour la France, et déshonorant pour son souverain, le roi ne put s'empêcher d'en parler en riant au monarque espagnol, en présence de la duchesse ; ce prince, sans trop se déconcerter, répondit que *si le conseil était bon, il fallait le suivre*. Ne voulant cependant pas mettre la générosité du roi à une trop grande épreuve, et craignant qu'il ne vînt à céder aux instances de sa maîtresse, il crut devoir se la rendre favorable. Le soir même, comme on allait se mettre à table, le rusé despote feignit, en se lavant les mains, de laisser tomber aux pieds de la duchesse un anneau d'un grand prix qu'il portait au doigt ; cette dame l'ayant ramassé, le présenta à l'empereur qui s'empressa de lui dire : « Je vois bien que cet anneau « veut changer de maître, et je vous prie de le « garder ; il est en trop belles mains. » Dès ce moment, la duchesse changea de langage, et s'il eût été nécessaire, elle aurait affermi le roi dans la noble résolution de ne point violer les droits sacrés de l'hospitalité.

A la mort de François 1er, Fontainebleau ne fut pas abandonné : son successeur Henri II fit continuer les travaux commencés, et orner de décors et de peintures la magnifique salle, qui porte encore son nom. C'est la merveille du château.

François II y naquit le 20 janvier 1543, et y fut baptisé dans la chapelle de la Sainte-Trinité le 10 février suivant. Deux ans plus tard, Elisabeth de France, qui devint reine d'Espagne par son mariage avec Philippe II, vint au monde dans la même résidence, et y fut tenue sur les fonds de baptême par les ambassadeurs et députés du roi d'Angleterre.

François II habita aussi Fontainebleau pendant la courte durée de son règne ; et voici ce que raconte Anquetil dans son livre de *l'Esprit de la Ligue*, à l'occasion des voyages de ce prince dans cette résidence royale.

« La cour y passait l'arrière-saison ; elle était
« fort nombreuse, comme il arrive toujours dans
« un nouveau règne, et nombreuse surtout en
« personnes qui demandaient, ceux-ci leur
« solde, ceux-là des arrérages de pensions et
« d'autres récompenses. Fatigué de ces impor-
« tuns, le cardinal de Lorraine, premier mi-
« nistre de François II, fit planter, auprès du
« château (*probablement sur la place de Fer-
« rare*), une potence, et publier, à son de trom-
« pette, un édit qui ordonnait à toutes personnes,
« de quelque condition qu'elles fussent, venues
« en cour pour solliciter, d'en sortir, dans vingt-
« quatre heures, sous peine d'être pendues. »

En 1550, une assemblée des notables y fut convoquée à la suite de la conjuration d'Amboise.

L'un des principaux martyrs du calvinisme, Anne Dubourg, que son savoir et sa proche parenté avec Antoine Dubourg, chancelier de France sous François 1er, n'avaient pu mettre à l'abri de la réaction religieuse du quinzième siècle, ayant été pendu à Paris comme protestant, le 23 décembre 1559, ses partisans formèrent, à Amboise, une conjuration pour le venger. Le duc de Guise la fit échouer, et les conjurés périrent les armes à la main.

François II, jeune et incapable, dirigé d'ailleurs par des conseils perfides, ne s'imaginant pas qu'en voulant enchaîner la liberté de conscience il faisait des prosélytes à la réforme religieuse, profita de cette circonstance pour provoquer des mesures rigoureuses contre les protestans.

Il réunit autour de son trône chancelant l'élite de la noblesse et du clergé français; les conférences eurent lieu dans l'appartement des poêles occupé par la reine-mère. (C'est aujourd'hui l'appartement de Mgr le Prince royal.) Cette assemblée devait fournir au roi des moyens de répression; mais, par une analogie singulière avec ce qui se passa plus tard, en 1788, il ne résulta des conférences que la convocation des états-généraux à Orléans : le prince de Condé, chef muet des calvinistes, y fut arrêté, et allait être exécuté, quand Charles IX monta sur le trône.

Ce roi de France, que les massacres de la

Saint-Barthélemy ont rendu si tristement célèbre, continua l'embellissement du palais de Fontainebleau. Sous son règne, un grand nombre de statues et de tableaux y furent placés, et lui-même vint quelquefois visiter cette résidence royale.

En 1562, le duc de Guise, le maréchal de Saint-André et le connétable de Montmorency, agissant, de concert, pour détruire l'autorité de Catherine de Médicis, et l'influence qu'elle pourrait avoir sur son fils encore enfant, se décidèrent à faire un coup de main sur Fontainebleau où se trouvait la cour, et à enlever le jeune roi Charles ix. Ils partirent brusquement de Paris, escortés d'une nombreuse cavalerie, et arrivèrent dans cette résidence royale à l'improviste. Les troupes furent rangées en bataille sur les différens points du château, pendant que les triumvirs se rendaient chez la reine-mère, et lui faisaient part de leur audacieux projet, en lui laissant l'alternative de suivre son fils, ou de se retirer dans le lieu qui lui conviendrait. Catherine, au désespoir, résiste pendant quelques heures; mais en attendant, les appartemens se démeublaient, les bagages de la cour étaient chargés, et les troupes mises en ligne, pour partir: elle se décide enfin à monter en voiture, tenant dans ses bras l'enfant royal qui pleurait comme si on l'eût mené en prison.

La cour arriva dans cet appareil lugubre à Melun, et deux jours après elle entrait dans Paris aux acclamations d'une populace fanatisée et soudoyée par le triumvirat.

Deux ans plus tard, le jeune roi, encore plein de bons sentimens, recevait à Fontainebleau les ambassadeurs du pape, du roi d'Espagne et du duc de Savoye, envoyés pour provoquer des mesures violentes contre les protestans, et éludait leurs demandes par des réponses vagues, que le vertueux Michel de l'Hôpital avait mises dans sa bouche. Il les assurait en même temps que sa ligne de conduite serait tracée par la justice la plus rigoureuse : malheureusement pour la mémoire de Charles IX, il ne tint pas parole.

Le duc d'Anjou, son frère, vainqueur des protestans à Jarnac et à Moncontour, roi de Pologne par élection, puis roi de France sous le titre de Henri III, naquit à Fontainebleau, le 10 septembre 1551. A cette occasion, le poète Desportes a composé pour ce prince les vers suivans :

> Nymphes de ces forêts, mes fidèles nourrices,
> Tout ainsi qu'en naissant vous me fûtes propices ;
> Ne m'abandonnez pas
> Quand j'achève le cours de ma triste aventure :
> Vous fîtes mon berceau, faites ma sépulture,
> Et pleurez mon trépas !

Le règne de Henri III fut tellement troublé par les factions religieuses, qu'il abandonna les arts pour ne s'occuper que de politique et de dévotion. Fontainebleau fut donc à-peu-près oublié ; cependant le roi visita ce palais puisqu'il y reçut, au mois d'août 1560, les remontrances du parlement de Paris au sujet de quelques édits bursaux qu'il avait refusé de vérifier ; c'est le seul fait enregistré sous son règne dans les annales de cette résidence royale, à l'agrandissement et à l'embellissement de laquelle il ne parait pas avoir concouru.

III.

FONTAINEBLEAU

SOUS HENRI IV.

—

La révolution religieuse du seizième siècle qui jeta tant de sang sur le pavé des rues et creusa tant de tombes, s'était terminée par l'entrée triomphante du Béarnais dans Paris. La faction des ligueurs que soutenaient l'or et les troupes d'un prince étranger, avait cédé sous le poids de l'opinion publique ; les chefs se ralliaient au gouvernement légitime ; la paix renaissait sur tout le sol français, pendant cinq ans livré aux horreurs de la guerre civile, et jusqu'à la fin du règne de Henri IV, elle ne fut pas troublée. Les affaires politiques qui furent traitées et les principaux événemens qui se passèrent en France depuis le traité de Vervins, en 1598, jusqu'à sa mort, appartiennent aux souvenirs de cette maison royale.

C'est à Fontainebleau que Henri IV reçut le duc de Savoie, quand celui-ci vint en personne traiter de la restitution du marquisat de Saluces, que la France exigeait de lui.

Là se tint aussi la fameuse conférence entre Duperron, évêque d'Evreux, et Plessis-Mornay, que son savoir avait fait surnommer *le Pape des Huguenots*. Quelques citations des livres des Saints-Pères, faites par ce dernier, et signalées par Duperron comme infidèles, furent l'origine de cette discussion, qui eut lieu en présence du roi et de son ministre, dans la salle des Étuves (cette salle avait vue sur la cour des Fontaines). L'évêque d'Évreux sortit victorieux de la lutte ; ce qui fit dire à Sully, que *Mornay avait donné le chapeau de cardinal à ce prélat*.

L'an 1601, le 27 septembre, naquit à Fontainebleau le Dauphin, depuis roi sous le nom de Louis XIII, dont le règne devait être marqué par de grands événemens politiques, et sous lequel le pouvoir royal devait acquérir une force imposante par l'entière destruction de l'aristocratie, toujours en lutte contre le gouvernement et exerçant un reste d'influence sur les masses.

Le 14 septembre 1606, ce jeune prince fut baptisé

dans le lieu de sa naissance. La cérémonie se fit en plein air, sur la plate-forme du donjon de la cour Ovale, au milieu d'une innombrable population, accourue de toutes parts pour voir ce spectacle d'un nouveau genre. La description fidèle nous en a été laissée par le poète *Mathieu*, historiographe de France.

La naissance d'un héritier présomptif de la couronne avait achevé de consolider l'édifice social en France et d'asseoir sur des bases indestructibles la royauté sortie des guerres civiles de la ligue. Le monarque était au comble de ses vœux, et ne s'occupait plus que de la prospérité du pays et du bonheur de ses sujets. Mais quel est l'homme, et surtout quel est le roi dont la conduite politique puisse être en harmonie avec les idées de tous ? En se rappelant la perfidie du maréchal de Byron, quel prince ne serait tenté d'être continuellement en garde contre ses propres sentimens à l'égard des hommes qui semblent le plus dévoués à sa personne et à son système de gouvernement ?

Henri IV était à Fontainebleau, quand les coupables intrigues de son ancien compagnon d'armes furent découvertes : celui-ci y fut mandé, et y arriva le 13 juin 1602, de grand matin.

Le roi employa toute cette journée, et celle du lendemain, à tenter d'obtenir de Byron les aveux dont il se contentait pour lui faire grâce. On sait que le maréchal étant resté inflexible fut arrêté le 14 juin, avant minuit, conduit sous escorte à Paris, jugé, condamné comme criminel de lèze-majesté, et exécuté le 31 juillet de la même année, pendant la nuit, aux flambeaux, dans la cour de la Bastille.

Le 22 novembre 1602, la reine mit au monde, à Fontainebleau, Élisabeth de France, depuis reine d'Angleterre; et, le 16 avril 1607, elle y accoucha de son second fils, à qui on donna le titre de duc d'Orléans, et qui, étant mort en 1611, transmit ce titre à Gaston (Jean-Baptiste), duc d'Anjou, son frère. Ce jeune prince était né lui-même à Fontainebleau, le 25 avril 1608.

Au mois de septembre 1609, l'espagnol don Pèdre, chargé d'une mission extraordinaire près du roi Henri IV, arriva à Fontainebleau. A l'occasion du séjour qu'il y fit, on raconte deux anecdotes qui méritent d'être rapportées ici.

L'ambassadeur d'Espagne témoignant à Henri IV, de la part de son maître, combien il serait avantageux pour lui qu'une étroite alliance fût cimentée entre eux par le mariage des enfans de France et d'Espagne; le roi chevalier, dont l'impatience était peinte sur la figure, l'arrêta tout court, en lui disant : « Sachez, Mons l'ambassadeur, que mes enfans sont d'assez bonne maison, pour ne point manquer de grands partis quand ils seront en âge d'être mariés. »

Don Pèdre accompagnant le roi dans l'intérieur du palais, et ce prince lui demandant ce qu'il pensait de cette demeure royale, l'Espagnol, jaloux de la magnificence et de la richesse des appartemens, lui répondit qu'il était mieux logé que Dieu ; (on réparait les chapelles, qui n'avaient pas reçu les embellissemens dont elles furent plus tard décorées). Henri, qui avait la répartie prompte, se tournant aussitôt vers lui, d'un air malin, lui répliqua avec vivacité : « Cela n'est « point étonnant ; parce qu'en France on loge « Dieu dans les cœurs, tandis qu'en Espagne on « se contente de le nicher dans des temples de « pierre. »

A-peu-près à la même époque, César de Bourbon, duc de Vendôme, fils naturel du roi et de Gabrielle d'Estrées, épousa à Fontainebleau Françoise de Lorraine, duchesse de Mercœur. Le mariage fut célébré dans la chapelle haute ; alors elle était encore sans autres ornemens que ceux qu'y avaient laissés François Ier et Henri II.

Fontainebleau fut le théâtre des amours du roi avec la belle duchesse de Beaufort, Gabrielle d'Estrées. Peu s'en fallut qu'elle n'y terminât ses jours. Elle y avait passé, avec son royal amant, le carême de l'année 1598 : on était arrivé aux premiers jours de la semaine sainte ; le roi qui voulait qu'elle fît ses Pâques, et qui redoutait en même temps les quolibets de la cour, l'engagea à aller à Paris pour remplir ce devoir. Il l'accompagna jusqu'à Melun, et eut toutes les peines du monde à s'en séparer : on eût dit qu'il avait le pressentiment de la fin prochaine d'une femme qu'il aimait toujours éperdument. On sait qu'elle tomba malade le lendemain du jour de son arrivée chez le financier Zamet qui lui avait donné un appartement, et qu'elle mourut dans les vingt-quatre heures, au milieu de souffrances atroces, produites, dit-on, par une fausse couche.

A la nouvelle de sa maladie, Henri IV partit précipitamment pour Paris; mais un courrier lui apprit à Villejuif la mort de sa maîtresse. Il revint à Fontainebleau inconsolable de cette perte, et pendant plusieurs jours ne voulut voir personne. Son chagrin ne fut pas de longue durée. La séduisante Henriette d'Entragues, qu'il fit depuis marquise de Verneuil, fit bien vite oublier la belle Gabrielle, et sut si bien (suivant l'expression du duc de Sully) *cajoler le roi*, qu'elle l'amena au point de lui faire signer une promesse de mariage. Dans un des voyages de la cour à Fontainebleau, Henri IV la communiqua à Sully. Cet excellent ministre, outré d'indignation de voir l'honneur de son maître aussi gravement compromis, poussa la hardiesse jusqu'à saisir le papier des mains de son roi, et le mit en morceaux. La scène se passait dans la galerie d'Ulysse. Un moment il y eut hésitation de la part du monarque à qui le rouge était monté au visage, mais le sentiment de colère ne fut pas de longue durée; car, ce prince se précipitant sur les bras d'un aussi loyal ami, lui prouva par ses étreintes, qu'il venait de resserrer encore les liens d'attachement qui les unissaient depuis long-temps.

Les rois ne sont pas plus exempts de chagrins domestiques que les autres hommes : Henri IV le prouva cruellement, et presque pendant tout le cours de son règne. A Fontainebleau fut poursuivi son divorce avec sa première femme, Marguerite de Valois, fille de Henri II. Étrange rapprochement ! Deux cent dix ans plus tard, celui de Napoléon avec l'impératrice Joséphine fut aussi décidé dans la même résidence : mais, si les motifs politiques sont à-peu-près identiques, il y a eu une singulière différence entre le caractère et la conduite des deux princesses.

Les courtisans, eux aussi, suscitent journellement aux souverains des tracasseries qui jettent le trouble dans leur vie intérieure. Malgré la bonté de son cœur et sa bienveillance si naturelle pour tout ce qui l'approchait, le bon Henri fut souvent tourmenté par des dissentions intestines et obligé d'interposer son autorité royale pour arrêter les effets de la jalousie et de l'envie, ces deux rivales de toute haute position. C'est surtout contre le duc de Sully, son ami et son confident, le modèle des vrais ministres, que se dirigeaient les traits de la calomnie la plus odieuse. Le duc d'Épernon, colonel général de l'infanterie, l'un des ligueurs soumis et ralliés, l'attaquait sans cesse et employait près du roi tous les moyens imaginables pour l'éloigner de ses conseils. Peu s'en fallut qu'il ne réussît : la disgrâce paraissait certaine, un grand froid régnait entre Henri iv et Sully. Les courtisans étaient dans le ravissement ; ils allaient enfin pouvoir mettre une main rapace sur les finances que Sully administrait avec la plus grande justice et l'économie la mieux entendue. C'était à Fontainebleau que tout ceci se passait. Un matin, au lever du roi, sa froideur pour ce ministre avait été telle que son dernier jour de puissance semblait être arrivé. L'ordre du départ pour la chasse venait d'être donné. Toute la cour était réunie dans l'avenue depuis nommée *de Maintenon*. Le roi, monte à cheval à onze heures, dans la cour des Fontaines ; mais tout à coup il en descend, remonte dans son appartement, se fait débotter, puis va se promener dans le jardin des mûriers qui était situé le long de la pièce d'eau de l'Étang, dans le jardin anglais. Il y fait venir Sully, et l'entretient pendant quelques instans. La conversation, d'abord froide, devint familière, et tourna tellement à l'avantage de Sully que ce ministre, pénétré jusqu'au fond de l'ame des bontés de son maître et de la franchise qui régnait dans ses paroles, voulut se jeter à ses pieds et embrasser ses genoux ; mais le roi l'arrêta en lui disant : « Je ne veux pas que ces courtisans « qui nous examinent, vous voyent dans cette « posture, et puissent croire que vous y ayez eu « recours pour obtenir le pardon des crimes dont « ils vous ont aussi faussement accusé. Il ne man-

« que rien dans mon esprit à votre justification ;
« je me repens d'avoir été si crédule : je ne me
« souviendrai de tout ce qui s'est passé que pour
« vous en aimer davantage. » Depuis ce moment,
la confiance et la faveur dont jouissait Sully
ne firent plus qu'augmenter, et il conserva les
bonnes graces de son roi jusqu'au jour où la main
d'un exécrable parricide l'enleva à l'amour de ses
sujets et à la vénération du monde.

Henri IV était heureux de vivre au milieu du
peuple et des ouvriers ; aussi des travaux très
considérables furent-ils exécutés à Fontainebleau
pendant les longs séjours qu'il y fit. Les immenses
bâtimens de la cour des Cuisines et de celle des
Princes s'élevèrent : la seigneurie du Monceau,
dont les dépendances s'étendaient jusque sous les
murs du palais, fut achetée ; et on commença le
nivellement de ces terrains dont on voulait faire
un parc, qui ne fut parfaitement dessiné et planté
que sous le règne de Louis XIV.

IV.

FONTAINEBLEAU

SOUS LOUIS XIII.

De tous les rois de France, le plus difficile à juger est, sans contredit, Louis XIII. Effacé dans l'Histoire par son père, effacé par son fils, il n'apparaît jamais, pour me servir d'une expression qui le caractérise parfaitement, sans être dominé par la grande figure du cardinal de Richelieu ; aussi, quand on évoque à Fontainebleau, comme ailleurs, les souvenirs du règne de Louis XIII, on voit encore le roi s'éclipser devant le tout-puissant cardinal.

L'homme est naturellement porté à la prédilection pour le lieu de sa naissance; les rois, qui sont hommes avant tout, partagent les faiblesses de l'humanité, et éprouvent aussi les sensations qui y sont attachées. Louis XIII en donna une preuve, car il chérit particulièrement Fontainebleau où il était né, et habita souvent cette belle résidence royale. Les constructions commencées sous le règne de son père furent achevées, beaucoup d'appartemens furent décorés, et les ornemens de la chapelle de la Sainte-Trinité furent terminés. Enfin, le grand escalier de la cour du Cheval-Blanc, construit en forme de fer-à-cheval fut élevé, et des sommes très considérables furent dépensées pour donner à cette maison royale ce *grandiose* que nous admirons encore aujourd'hui.

Pendant un séjour du roi à Fontainebleau, le duc d'Orléans, son frère, forma le projet de faire enlever, à Fleury, le cardinal de Richelieu, qu'il détestait à juste titre. Le secret avait été bien gardé, et le duc devait réussir; une heure plus tard, c'en était fait de Richelieu et de sa toute puissance: son étoile le sauva. Fleury, château magnifique qu'il avait acquis, et qui n'est qu'à deux lieues environ de Fontainebleau, allait être enveloppé par les agens du prince; mais le rusé cardinal fut prévenu à temps, et fit manquer le coup.

En 1629, les rois de France et d'Angleterre, voulant resserrer les liens qui devaient un jour unir si étroitement les deux pays, Fontainebleau fut choisi pour la cérémonie du serment que Louis XIII devait prêter en présence de l'ambassadeur du gouvernement Britannique. La paix fut solennellement jurée dans l'église paroissiale, que ce prince avait fait construire et consacrer sous l'invocation de Saint-Louis.

Il se passa dans cette royale demeure, sous le règne de Louis XIII, beaucoup d'autres faits d'une moindre importance, tels que la promotion de quarante-neuf chevaliers de l'ordre du Saint-Esprit; le séjour du cardinal Barberini, négociateur au sujet de la guerre de la Valteline. Mais, ne voulant pas excéder les bornes que nous nous sommes tracées dans cette courte Notice, nous nous contenterons de rappeler les principaux événemens dont le palais de Fontainebleau fût le théâtre.

En l'année 1642, on y vit arriver une machine, extraordinaire par sa forme et par les moyens qui la mettaient en mouvement; une foule de monde vint voir ce spectacle d'une nouvelle espèce : cette machine était surtout curieuse par l'objet qu'elle renfermait. C'était une chambre construite en bois, très bien ornée, et recouverte à l'extérieur en damas cramoisi. Elle était portée par dix-huit gardes-du-corps, employés à la fois à ce service, marchant la tête découverte, et suivis par une escorte d'autres gardes prêts à les relayer. Dans cette chambre était le cardinal de Richelieu, qui, tombé malade à Valence, en Dauphiné, se faisait ainsi transporter pour ne point s'exposer aux secousses d'une voiture ordinaire : cette chambre était d'une si grande dimension que, dans le trajet, il fallut plus d'une fois démolir des murailles pour l'abriter. Ce fut dans cet équipage que Richelieu arriva à Fontainebleau, et qu'il en partit pour aller mourir à Paris, le 4 décembre suivant.

Environ neuf mois après, Louis XIII le suivit; et, pour me servir de l'expression de madame de Motteville, la cour, « qui s'ennuyait de ce que le « roi ne pouvait achever de mourir, » fut enfin débarrassée d'un maître, qu'elle redoutait encore après la mort du ministre, sous le joug duquel il avait eu la faiblesse de ployer pendant tout le cours de son règne.

V.

FONTAINEBLEAU

SOUS LOUIS XIV ET SES SUCCESSEURS.

La cour fastueuse de Louis xiv eût été trop à l'étroit dans le palais de François Ier et de Henri iv : d'ailleurs, il fallait que ce prince, né avec l'idée des grandes choses, attachât son nom à tout ce qui pouvait le faire passer avec gloire à la postérité; c'est pour cela que Versailles fut bâti, et devint le siége du gouvernement.

Louis xiv n'abandonna cependant pas Fontainebleau, puisque de son époque datent les voyages annuels de la cour; ces voyages, qui avaient ordinairement lieu à l'automne, continuèrent à être, sous ses successeurs, jusques vers le milieu du règne de Louis XVI, l'objet de l'ambition des courtisans.

Cette résidence royale ne fut pas seulement un séjour de délices et de plaisirs, elle servit aussi de refuge à la royauté trahie par la fortune. En 1644, Henriette de France, fille de Henri IV et de Marie de Médicis, femme de l'infortuné Charles Ier, roi d'Angleterre, vint habiter le palais de Fontainebleau pendant quelque temps, après la révolution qui fit tomber sur l'échafaud la tête de son mari. Étrange caprice de la fortune! lorsque, par suite d'une autre révolution, Charles Stuart fut, cinquante ans après, renvoyé de ses états, Fontainebleau fut encore, pendant quelque temps, la résidence de ce prince fugitif.

Louis XIV vint, pour la première fois, à Fontainebleau, deux ans après la mort du roi son père. En l'année 1657, cette royale demeure fut le théâtre d'un de ces crimes de femme, qui épouvantent les générations les plus reculées; je veux parler de l'assassinat de Monaldeschi, écuyer de la reine de Suède, la fameuse Christine. Cet événement, qui a fourni matière à deux drames représentés à Paris en 1829, l'un de M. Brault, et l'autre de M. Alex. Dumas, est rapporté d'une manière si naïve, avec toutes ses circonstances, par le père Lebel, témoin oculaire, que je crois devoir transcrire ici, littéralement, la relation qu'il en a laissée.

Cette princesse, après avoir renoncé avec une fastueuse indifférence au souverain pouvoir pour lequel elle était née, et avoir abdiqué, le 16 juin 1654, une couronne que Gustave-Adolphe, son père, lui avait léguée si brillante, avait traversé la France en se rendant en Italie, où l'appelait son goût pour les arts et la belle littérature. Elle avait été accueillie non seulement avec tous les égards dus à son rang, mais encore avec cette distinction toute particulière que lui avait acquise le fait même de son abdication.

Se rappelant les marques d'estime qu'on lui avait données, et la curiosité dont elle avait été l'objet, pendant son court séjour dans un pays qu'elle n'avait pas eu le temps de connaître, elle se décida, deux ans après, à y revenir. Mais en route, et avant son arrivée à Paris, l'ordre lui fut signifié, on ne sait trop pourquoi, de s'arrêter à Fontainebleau : elle y arriva le 3 octobre 1657, et eut tout le temps de s'y ennuyer; car peu de personnes vinrent la visiter, tant on méprisait son caractère fantasque et peu réfléchi : mais on était loin de la croire capable de se porter à un excès de cruauté aussi révoltant que celui dont on va lire la relation :

« Le 6 novembre 1657, à neuf heures un quart
« du matin, la reine de Suède étant à Fontaine-
« bleau, logée à la conciergerie du château,
« m'envoya quérir par un de ses valets de pied.
« Il me dit qu'il avait ordre de Sa Majesté de me

« mener parler à elle, en cas que je fusse le supé-
« rieur du couvent. Je lui répondis que je l'étais,
« et je lui dis que je m'en allais avec lui pour sa-
« voir la volonté de Sa Majesté suédoise. Ainsi,
« sans chercher de compagnon, de crainte de faire
« attendre cette reine, je suivis ce valet de pied
« jusqu'à l'antichambre. On m'y fit attendre un
« moment; à la fin, ce valet de pied étant revenu,
« me fit entrer dans la chambre de la reine de
« Suède. Je la trouvai seule, et lui ayant rendu
« mes respects et mes très humbles soumissions,
« je lui demandai ce que Sa Majesté souhaitait de
« moi, son très humble serviteur. Elle me dit que
« pour parler avec plus de liberté, j'eusse à la
« suivre, et, étant entrés dans la galerie des Cerfs,
« elle me demanda si elle n'avait jamais parlé à
« moi. Je lui répondis que j'avais eu l'honneur de
« faire la révérence à Sa Majesté et l'assurer de
« mes très humbles obéissances, et qu'elle avait
« eu la bonté de m'en remercier, et non autre
« chose. Sur quoi cette reine me dit que je por-
« tais un habit qui l'obligeait de se fier en moi,
« et me fit promettre, sous le sceau de la confes-
« sion, de garder et de tenir le secret qu'elle me
« voulait découvrir. Je fis réponse à Sa Majesté
« qu'en matière de secret j'étais naturellement
« aveugle et muet, et que l'étant à l'égard de
« toutes sortes de personnes, à plus forte raison
« je devais l'être pour une princesse comme elle;
« et j'ajoutai que l'Écriture dit : OU IL EST BON DE

« TENIR CACHÉ LE SECRET DU ROI. *Sacramentum*
« *regis abscondere bonum est.*

« Après cette réponse, elle me chargea d'un
« paquet de papiers cacheté en trois endroits sans
« aucune suscription, et me commanda de le
« lui rendre en présence de qui elle me le de-
« manderait ; ce que je promis à Sa Majesté sué-
« doise.

« Elle me commanda ensuite de bien observer
« le temps, le jour, l'heure et le lieu, qu'elle me
« me donnait ce paquet ; et, sans autre entretien,
« je me retirai avec ce paquet, et laissai cette Reine
« dans la galerie.

« Le samedi, dixième jour du même mois de
« novembre, à une heure après-midi, la Reine de
« Suède m'envoya quérir par un de ses valets-de-
« chambre, lequel m'ayant dit que Sa Majesté me
« demandait, j'entrai dans un cabinet pour pren-
« dre le paquet dont elle m'avait chargé, dans la
« pensée que j'eus qu'elle m'envoyait quérir pour
« le lui rendre. Je suivis ce valet-de-chambre,
« lequel m'ayant mené par la porte du Donjon,
« me fit entrer dans la galerie des Cerfs, et aussi-
« tôt que nous fûmes entrés, il ferma la porte avec
« tant d'empressement, que j'en fus étonné. Ayant
« aperçu vers le milieu de la galerie la Reine qui
« parlait à un de sa suite, qu'on appelait le Mar-
« quis (j'ai su depuis que c'était le marquis de Mo-
« naldeschy), je m'approchai de cette Princesse.
« Après lui avoir fait la révérence, elle me demanda

« d'un ton de voix assez haut, en la présence de
« ce marquis et de trois autres hommes qui y
« étaient, le paquet qu'elle m'avait confié. Deux
« des trois étaient éloignés de la Reine de quatre
« pas, et le troisième assez près de Sa Majesté.
« Elle me parla en ces termes : *mon père, rendez-*
« *moi le paquet que je vous ai donné.* Je m'approchai
« et le lui présentai. Sa Majesté l'ayant pris et consi-
« déré quelque temps, l'ouvrit, et prit les lettres
« et les écrits qui étaient dedans; elle les fit voir
« et lire à ce marquis, d'une voix grave et d'un port
« assuré, s'il les connaissait bien. Ce marquis les
« dénia, mais en pâlissant. *Ne voulez-vous pas re-*
« *connaître ces lettres et ces écrits*, lui dit-elle,
« n'étant à la vérité que des copies que cette Reine
« elle-même avait transcrites... Sa Majesté sué-
« doise ayant laissé songer quelque temps ledit
« marquis sur ces copies, elle tira de dessous elle
« les originaux, et, les lui montrant, l'appela traî-
« tre et lui fit avouer son écriture et son signe.
« Elle l'interrogea plusieurs fois; à quoi ce mar-
« quis s'excusant, répondait du mieux qu'il pouvait,
« rejetait la faute sur diverses personnes. Enfin,
« il se jeta aux pieds de cette Reine, lui de-
« mandant pardon, et en même temps les trois
« hommes, qui étaient là présens, tirèrent leurs
« épées hors du fourreau, et ne les remirent
« qu'après avoir exécuté le marquis.

« Il se releva, et tira cette reine à un coin de
« la galerie, et tantôt à un autre, la suppliant

« toujours de l'entendre et de le recevoir dans ses
« excuses ; Sa Majesté ne lui dénia jamais rien,
« mais l'écouta avec une grande patience, sans
« que jamais elle témoignât la moindre importu-
« nité, ni aucun signe de colère. Aussitôt, se
« tournant vers moi, lorsque ce marquis la pres-
« sait le plus de l'écouter et de l'entendre : mon
« père, me dit-elle, voyez et soyez témoin, puis,
« (s'approchant du marquis, appuyée sur un petit
« bâton d'ébène à poignée ronde) que je ne presse
« rien contre cet homme, et que je donne à ce
« traître et à ce perfide tout le temps qu'il veut
« et plus qu'il n'en saurait désirer d'une personne
« offensée, pour se justifier s'il le peut.

« Le marquis, pressé par cette reine, lui donna
« des papiers et deux ou trois petites clefs liées
« ensemble qu'il tira de sa poche, de laquelle il
« tomba deux ou trois pièces d'argent ; et après
« une heure et plus de conférence, ce marquis ne
« contenta pas cette Reine par ses réponses, Sa
« Majesté s'approcha un peu de moi, et me dit
« d'une voix assez élevée, mais grave et modérée :
« mon père, je me retire et vous laisse cet homme,
« disposez-le à mourir et ayez soin de son ame.
« Quand cet arrêt eût été prononcé contre moi,
« je n'aurais pas eu plus de frayeur ; et à ces mots
« ce marquis se jetant à ses pieds, et moi de
« même, en lui demandant pardon pour ce pauvre
« marquis, elle me dit qu'elle ne le pouvait pas,
« et que ce traître était plus coupable et criminel

« que ceux qui sont condamnés à la roue; qu'il
« savait bien qu'elle lui avait communiqué, comme
« à un fidèle sujet, ses affaires les plus importan-
« tes, et ses plus secrètes pensées, outre qu'elle
« ne voulait lui point reprocher les biens qu'elle
« lui avait faits, qui excédaient ceux qu'elle eût
« pu faire à un frère, l'ayant toujours regardé
« comme tel, et que sa conscience seule lui de-
« vait servir de bourreau. Après ces mots, Sa
« Majesté se retirant, me laissa avec ces trois qui
« avaient leurs épées nues, dans le dessein d'a-
« chever cette exécution. Après que cette reine
« fut sortie, le marquis se jeta à mes pieds, et
« me conjura avec instance d'aller après Sa Ma-
« jesté pour obtenir son pardon. Ces trois hommes
« le pressaient de se confesser avec l'épée contre
« les reins, sans pourtant le toucher; et moi,
« avec la larme à l'œil, je l'exhortais de demander
« pardon à Dieu. Le chef des trois partit pour
« aller vers Sa Majesté pour lui demander par-
« don, et implorer sa miséricorde pour le pauvre
« marquis, mais, revenant triste de ce que sa
« maîtresse lui avait commandé de le dépêcher,
« lui dit en pleurant : marquis, songez à Dieu et
« à votre ame, il faut mourir. A ces paroles,
« comme hors de lui, ce marquis se jeta à mes
« pieds une seconde fois, me conjurant de re-
« tourner encore une fois vers la reine, pour ten-
« ter la voie du pardon et de la grâce; ce que
« je fis, ayant trouvé seule Sa Majesté dans sa

« chambre avec un visage serein et sans aucune
« émotion. Je m'approchai d'elle, me laissant
« tomber à ses pieds les larmes aux yeux et les
« sanglots au cœur, je la suppliai, par les dou-
« leurs et les plaies de Jésus-Christ, de faire mi-
« séricorde et grâce à ce marquis. Cette Reine me
« témoigna être fâchée de ne pouvoir accorder
« ma demande, après la perfidie et la cruauté
« que ce malheureux lui avait voulu faire endurer
« en sa personne, après quoi il ne devait jamais
« espérer de rémission ni de grâce, et me dit
« que l'on en avait envoyé plusieurs sur la roue
« qui ne l'avaient pas tant mérité que ce traître.
  « Voyant que je ne pouvais rien gagner par
« mes prières sur l'esprit de cette reine, je pris
« la liberté de lui représenter qu'elle était dans la
« maison du roi de France, et qu'elle prît bien
« garde à ce qu'elle allait faire exécuter, et si le
« roi le trouverait bon. Sur quoi Sa Majesté me
« fit réponse qu'elle avait cette justice en pré-
« sence de l'autel, et qu'elle prenait Dieu à témoin
« si elle en voulait à la personne de ce marquis,
« et si elle n'avait pas déposé toute haine, ne
« s'en prenant qu'à son crime et à sa trahison,
« qui n'aurait jamais de pareille et qui touchait
« tout le monde, outre que le roi de France ne
« la logeait pas dans sa maison comme une cap-
« tive réfugiée, qu'elle était maîtresse de ses vo-
« lontés, pour rendre et faire justice à ses do-
« mestiques en tout lieu et en tout temps, et

« qu'elle ne devait répondre de ses actions qu'à
« Dieu seul, ajoutant que ce qu'elle faisait n'é-
« tait pas sans exemple ; et quoique je répartisse
« à cette reine qu'il y avait quelque différence ;
« que si les rois avaient fait quelque chose de
« semblable, ç'avait été chez eux et non ailleurs.
« Mais je n'eus pas plus tôt dit ces paroles que je
« m'en repentis, craignant d'avoir trop pressé
« cette reine. Partant je lui dis encore : Madame,
« dans l'honneur et l'estime que vous vous êtes
« acquise en France, et dans l'espérance que
« tous les bons Français ont de votre négociation,
« je supplie très-humblement votre Majesté d'é-
« viter que cette action, quoiqu'à l'égard de votre
« Majesté, madame, elle soit de justice, ne passe
« néanmoins dans l'esprit des hommes pour vio-
« lente et pour précipitée ; faites encore plutôt un
« acte généreux et de miséricorde envers ce pauvre
« marquis, ou du moins mettez-le entre les mains
« de la justice du roi, et lui faites faire son procès
« dans les formes, vous en aurez toute la satis-
« faction, et vous conserverez, madame, par ce
« moyen, le titre d'admirable, que vous portez
« en toutes vos actions parmi tous les hommes.
« Quoi ! mon père, me dit cette reine, moi en
« qui doit résider la justice absolue et souveraine
« sur mes sujets, me voir réduite à solliciter con-
« tre un traître domestique, dont les preuves de
« son crime et de sa perfidie sont en ma puis-
« sance, écrits et signés de sa propre main ? Il

« est vrai, lui dis-je, madame; mais votre Ma-
« jesté est moitié intéressée. Cette reine m'inter-
« rompit et me dit : non, non, mon père, je le
« vais faire savoir au roi; retournez et ayez soin
« de son ame; je ne puis en conscience accorder
« ce que vous me demandez, et ainsi me renvoya.
« Mais je connus à ce changement de voix en ces
« dernières paroles, que si cette reine eût pu dif-
« férer l'action et changer de lieu, elle l'aurait
« fait indubitablement; mais l'affaire était trop
« avancée pour prendre une autre résolution,
« sans se mettre en danger de laisser échapper
« ce marquis et mettre sa propre vie au hasard.

« Dans ces extrémités je ne savais que faire ni
« à quoi me résoudre; de sortir je ne pouvais,
« et quand je l'aurais pu, je me voyais engagé
« par un devoir de charité et de conscience à
« secourir le marquis pour le disposer à bien
« mourir.

« Je rentrai donc dans la galerie, en embras-
« sant ce pauvre malheureux qui se baignait en
« larmes, je l'exhortai dans les meilleurs termes
« et les plus pressans qu'il me fût possible, et
« qu'il plût à Dieu de m'inspirer, de se résoudre
« à la mort, et songer à sa conscience; puisqu'il
« n'y avait plus dans ce monde d'espérance de
« vie pour lui, et qu'offrant et souffrant sa mort
« pour la justice, il devait en Dieu seul jeter ses
« espérances pour l'éternité où il trouvera ses con-
« solations.

« A cette triste nouvelle, après avoir poussé
« deux ou trois grands cris, il se mit à genoux à
« mes pieds, m'étant assis sur un des bancs de
« la galerie, et commença sa confession; mais
« l'ayant bien avancée, il se leva deux fois et s'é-
« cria. Au même instant je lui fis faire des actes
« de foi, renonçant à toutes pensées contraires :
« il acheva sa confession en latin, français et ita-
« lien, ainsi qu'il le pouvait mieux expliquer dans
« le trouble où il était. L'aumônier de cette reine
« arriva comme je l'interrogeais en l'éclaircisse-
« ment d'un doute, et ce marquis l'ayant aperçu,
« sans attendre l'absolution, alla à lui espérant
« grâce de sa faveur. Ils parlèrent bas assez long-
« temps ensemble, se tenant les mains et retirés
« en un coin. Et après leur conférence finie, l'au-
« mônier sortit, et emmena avec lui le chef des
« trois commis pour cette exécution; et peu après
« l'aumônier étant demeuré dehors, l'autre revint
« seul et lui dit : marquis, demande pardon à
« Dieu, car sans plus attendre il faut mourir. Es-
« tu confessé? Et lui disant ces paroles, le pressa
« contre la muraille du bout de la galerie où est
« la peinture de Saint-Germain-en-Laye, et je
« ne pus si bien me détourner, que je ne vis qu'il
« lui porta un coup dans l'estomach du côté droit;
« et ce marquis le voulant parer, prit l'épée de
« la main droite, dont l'autre en la retirant lui
« coupa trois doigts, et l'épée demeura faussée;
« et pour lors il dit à un autre qu'il était armé

« dessous, comme en effet il avait une cotte de
« maille qui pesait neuf à dix livres, et le même
« à l'instant redoubla le coup dans le visage,
« après lequel le marquis cria : mon père, mon
« père, je m'approchai de lui, et les autres se re-
« tirèrent un peu à quartier ; et, un genou en
« terre, il demanda pardon à Dieu, et me dit
« encore quelque chose, où je lui donnai l'abso-
« lution, avec la pénitence de souffrir la mort
« pour ses péchés, pardonnant à tous ceux qui le
« faisaient mourir ; laquelle reçue il se jeta sur
« le carreau, et en tombant un autre lui donna
« un coup sur le haut de la tête qui lui emporta
« des os ; et, étant étendu sur le ventre, faisait
« signe qu'on lui coupât le col, et le même lui
« donna deux ou trois coups sur le col, sans lui
« faire grand mal, parce que la cotte de maille
« qui était montée avec le collet du pourpoint,
« para et empêcha l'excès du coup ; cependant je
« l'exhortais de se souvenir de Dieu et d'endurer
« avec patience, et autres choses semblables. En
« ce temps-là, le chef vint me demander s'il ne le
« ferait pas achever : je le rembarrai rudement,
« et lui dis que je n'avais point de conseils à lui
« donner là-dessus ; que je demandais sa vie et
« non pas sa mort ; sur quoi, il me demanda par-
« don, et confessa avoir eu tort de m'avoir fait
« une telle demande.

« Sur ce discours, le pauvre marquis qui n'at-
« tendait qu'un dernier coup, entendit ouvrir la

« porte de la galerie; reprenant courage, il se re-
« tourna, et ayant vu que c'était l'aumônier qui
« entrait, se traîna du mieux qu'il put, s'appuyant
« contre le lambris de la galerie, demanda à par-
« ler à lui. L'aumônier passa à la main gauche de
« ce marquis, moi étant à la droite, et le marquis
« se tournant vers l'aumônier, et joignant les
« mains, lui dit quelque chose comme se confes-
« sant, et après l'aumônier lui dit de demander
« pardon à Dieu, et après m'avoir demandé per-
« mission, il lui donna l'absolution, ensuite il se
« retira, me disant de demeurer près du marquis,
« et qu'il s'en allait voir la reine de Suède. En
« même temps celui qui avait frappé sur le col
« dudit marquis, et qui était avec l'aumônier à
« sa gauche, lui perça la gorge d'une épée assez
« longue et étroite, duquel coup le marquis
« tomba sur le côté droit, et ne parla plus; mais
« demeura plus d'un quart d'heure à respirer,
« durant lequel je lui criais et l'exhortais du mieux
« qu'il m'était possible. Et ainsi ce marquis ayant
« perdu son sang, finit sa vie à trois heures trois
« quarts après-midi. Je lui dis le *De profundis*,
« avec l'oraison; et après le chef des trois lui re-
« mua une jambe et un bras, déboutonna son
« haut-de-chausse et son caleçon, fouilla dans
« son gousset, et ne trouva rien, sinon en sa po-
« che un petit livre d'heures de la Vierge et un
« petit couteau. Ils s'en allèrent tous trois et moi
« après, pour recevoir les ordres de Sa Majesté.

« Cette reine assurée de la mort dudit marquis,
« témoigna du regret d'avoir été obligée de faire
« faire cette exécution en la personne de ce mar-
« quis; mais qu'il était de la justice de le faire
« pour son crime et sa trahison, et qu'elle priait
« Dieu de lui pardonner. Elle me commanda
« d'avoir soin de le faire enlever de là et de l'en-
« terrer, et me dit qu'elle voulait faire dire plu-
« sieurs messes pour le repos de son ame. Je fis
« faire une bière, et le fis mettre dans un tom-
« bereau à cause de la brune, de la pesanteur et
« du mauvais chemin, et le fis conduire à la
« paroisse d'Avon par mon vicaire et chapelain,
« assisté de trois hommes, avec ordre de l'enter-
« ter dans l'église, près du bénitier; ce qui fut
« fait et exécuté à cinq heures trois quarts du
« soir..... »

Tel fut l'acte qui marqua en traits de sang, dans la galerie des Cerfs à Fontainebleau, le souvenir de l'hospitalité généreuse accordée par la couronne de France, dans l'un de ses palais, à une femme qui avait abdiqué volontairement la qualité de reine. Le mécontentement du roi lui fut signifié par Mazarin; mais elle n'en tint compte et écrivit même à ce ministre une lettre, chef-d'œuvre d'insolence et d'audace.

Nous croyons devoir rapporter ici cette pièce curieuse :

« Mons Mazarin, ceux qui vous ont appris le
« détail de Monaldeschy, mon écuyer, étaient

« très mal informés. Je trouve fort étrange que
« vous commettiez tant de gens pour vous éclair-
« cir de la vérité du fait. Votre procédé ne de-
« vrait pourtant point m'étonner, tout fou qu'il
« est, mais je n'aurais jamais cru que ni vous ni
« votre jeune maître orgueilleux eussiez osé m'en
« témoigner le moindre ressentiment.

« Apprenez, tous tant que vous êtes, valets et
« maîtres, petits et grands, qu'il m'a plu d'agir
« ainsi; que je ne dois ni ne veux rendre compte
« de mes actions à qui que ce soit, surtout à des
« fanfarons de votre sorte. Vous jouez un singulier
« personnage pour un personnage de votre rang;
« mais quelques raisons qui vous aient déterminé
« à m'écrire, j'en fais trop peu de cas pour m'en
« intriguer un seul instant. Je veux que vous sa-
« chiez et disiez à qui voudra l'entendre, que
« Christine se soucie fort peu de votre cour et
« encore moins de vous; que pour me venger,
« je n'ai pas besoin d'avoir recours à votre formi-
« dable puissance. Mon honneur l'a voulu ainsi;
« ma volonté est une loi que vous devez respecter;
« vous taire est votre devoir; et bien des gens que
« je n'estime pas plus que vous, feraient très bien
« d'apprendre ce qu'ils doivent à leurs égaux,
« avant que de faire plus de bruit qu'il ne con-
« vient.

« Sachez enfin, mons le cardinal, que Chris-
« tine est reine partout où elle est, et qu'en quel-
« que lieu qu'il lui plaît d'habiter, les hommes

« quelques fourbes qu'ils soient, vaudront encore
« mieux que vous et vos affidés.

« Le prince de Condé avait bien raison de s'é-
« crier, lorsque vous le reteniez prisonnier inhu-
« mainement à Vincennes : *Ce vieux renard ne
« cessera jamais d'outrager les bons serviteurs de
« l'État*, à moins que le parlement ne congédie
« ou ne punisse sévèrement cet illustrissime fa-
« quin de Piscina.

« Croyez-moi donc, Jules, comportez-vous de
« manière à mériter ma bienveillance, c'est à
« quoi vous ne sauriez trop vous étudier; Dieu
« vous préserve d'aventurer jamais le moindre
« propos indiscret sur ma personne, quoiqu'au
« bout du monde, je serai instruite de vos me-
« nées; j'ai des amis et des courtisans à mon
« service, qui sont aussi adroits et aussi surveil-
« lans que les vôtres, quoique moins bien sou-
« doyés. »

Quinze jours après cette lettre, le roi de France, conduit par le premier ministre, vint rendre solennellement visite à la meurtrière de Monaldeschy.

Louis XIV, après avoir succédé, si je puis m'exprimer ainsi, au cardinal Mazarin, fit plusieurs séjours à Fontainebleau. Épris des charmes de la tendre Lavalière, il ressentait pour la première fois les douces étreintes de l'amour; ivre du bonheur d'être le maître, il le faisait partager à tous ceux qui l'entouraient. Des promenades sous les frais ombrages de la forêt, des chasses que les dames suivaient en calèche, des jeux, des spectacles en plein air, dans le parc aux flambeaux, des carrousels, galante image des anciens tournois, occupaient tous les instans du jour et une partie des nuits. Le canal, cette vaste et belle pièce d'eau, œuvre du bon Henri, était couverte de barques élégantes pavoisées comme aux plus grands jours de fête. La plus richement équipée, celle qui semblait s'élever au-dessus des autres, par sa magnifique mâture, ses écussons fleurdelisés, celle-là portait le jeune monarque, Anne d'Autriche, sa mère, Marie-Thérèse pour laquelle il avait l'amitié d'un bon frère, la naïve Lavallière qui aimait en lui l'homme aimable avant le roi ; enfin cette admirable Henriette d'Angleterre, enlevée trop tôt aux hommages qu'elle méritait à tant de titres.

Quelquefois une collation était servie à bord. Le grand Condé, le duc de Beaufort, ces héros de la Fronde, si factieux alors, si soumis ensuite, s'empressaient de servir le prince qu'ils avaient combattu. Tous deux, l'un par le devoir de sa charge, l'autre par courtoisie, *recevaient les plats tour à tour et les posaient eux-mêmes sur la table*, faisant voir par là, dit un auteur de l'époque en parlant du prince de Condé, « *qu'il était aussi grand par son humilité que par ses victoires.* » Quelle gloire pour Louis XIV ! quelle habile politique ! Lui, jeune roi, bercé au bruit du canon d'une guerre civile, donner à l'étiquette une prépondérance telle que parmi d'anciens rebelles, il ne comptait plus que d'humbles serviteurs !

Plusieurs événemens remarquables signalèrent le séjour de Louis-le-Grand à Fontainebleau. Le dauphin, son fils, y naquit en 1661.

« Nous nous promenions dans la cour Ovale, « dit l'abbé de Choisy, attendant le résultat des « douleurs qu'endurait la reine, depuis 24 heures « qu'elle était en travail, lorsque le roi ouvrit la « fenêtre du salon de Louis XIII, et annonça lui- « même le bonheur public, en nous criant bien « haut : *La reine est accouchée d'un garçon.* »

Le 16 novembre 1646, le duc d'Orléans, oncle du roi, vint rejoindre, dans cette résidence royale, la Cour qui, depuis trois mois, y était installée. Ce prince y fut accueilli avec les marques de la plus haute distinction, et tout le monde s'empressa à l'envi de le féliciter de sa belle conduite pendant la dernière guerre, et de la bravoure qu'il avait déployée à la prise de Mardik. Le jeune roi, accompagné de ses nombreux courtisans, et ayant près de lui la reine-mère, alla au devant de son oncle jusqu'à la croix de Saint-Hérem, et le fit monter dans son carrosse. Pendant le séjour que fit ce prince dans cette demeure royale, ce ne furent que fêtes et divertissemens. A une chasse au sanglier qui eut lieu le lendemain de son arrivée, le cardinal Mazarin, attaqué par un de ces animaux furieux, le tua d'un coup d'épée. Un latiniste qui se trouvait là par hasard composa à l'instant même les vers suivans :

> Sœvus aper fidos lacerat dùm dente molossos
> Turba fugit magnæ vulnera lata feræ.
> Impavidi sed adest Mazarini dextera vindex
> Quæ spumantis apri transfodit ense latus ;
> Tùm frustra infestas in equum fert bellua vires.
> Victor et everso stat Mazarinus equo.
> Herculis an reliquis erit ille laboribus impar
> A quo tam facili est cœsa Erimanthia sus ?

Le Menuisier de Fontainebleau, le poète Durand, le chantre de la forêt, a rendu en vers français cette saillie poétique de la manière suivante :

> Un sanglier courait sur la foule en détresse ;
> Tous fuyaient à l'aspect de ses pas agresseurs :
> Mazarin aussitôt, de sa main vengeresse,
> Frappe cet ennemi des chiens et des chasseurs :
> Le monstre saute au flanc du coursier qu'il immole ;
> Démonté, mais debout, Mazarin est vainqueur.
> Sur le mont Erymanthe, en un combat frivole,
> Hercule a-t-il montré tant de force et de cœur ?

Dans la même année, le célèbre Fouquet, surintendant des finances, fut décrété de prise de corps par un ordre daté de Fontainebleau. L'ordre fut signé le lendemain même du jour où ce ministre avait reçu avec magnificence son maître, dans le superbe château de Vaux qu'il avait fait bâtir près de Melun, et qui appartient aujourd'hui à M. le duc de Praslin.

Cette fête, dit l'abbé de Choisy, si fatale au surintendant, avait été des plus brillantes : on y avait représenté pour la première fois les *Fâcheux* de Molière, avec des ballets et des récits en musique dans les intermèdes. Jamais l'art de la décoration n'avait produit de si belles choses et n'avait été porté à un tel degré : les yeux étaient éblouis; chacun se croyait transporté dans un de ces palais que décrivent si bien les romanciers. Aussi en parcourant le lendemain ses appartemens de Fontainebleau en compagnie de la reine-mère, l'audacieuse magnificence de la fête de Vaux revenant à l'esprit de Louis XIV, il ne put s'empêcher de dire à Anne d'Autriche : Ah! madame, est-ce que nous ne ferons pas rendre gorge à tous ces gens-là? Il n'y manqua pas et fit bien.

Le 20 avril 1662, ce prince reçut à Fontainebleau le duc de Lorraine venu avec une suite nombreuse et brillante, pour y faire hommage au roi du duché de Bar.

Dans un voyage de la cour, en 1664, y vint au monde Philippe-Charles d'Orléans, frère aîné du régent. On trouve à la mairie de cette ville, au registre des naissances l'acte suivant:
« Aujourd'hui seizième jour de juillet de l'année
« mil six cent soixante et quatre, est né un fils à
« monsieur le duc d'Orléans et à madame la du-
« chesse sa femme, sur les dix heures du matin et

« ondoyé par moi curé de Fontainebleau, en la
« présence du roi et de la reine soussignés, dans
« la chambre de Monsieur, à Fontainebleau, as-
« sisté d'un prêtre qui me servait de clerc aussi
« soussigné.

       « Louis.
    « Anne-Marie-Thérèse.
        « Philippe.
     « F. Durand.
      « Echesnay. »

Ce jeune prince est mort peu d'années après sa naissance.

Le 25 juin 1664, commencèrent à Fontainebleau, dans la grande salle de l'hôtel de la Chancellerie, les opérations de la chambre de justice que Louis XIV avait cru devoir établir, pour aviser aux moyens de remédier aux dilapidations des deniers de l'État.

Le 2 juillet suivant, le cardinal Chigi, neveu du pape Alexandre VII et son légat en France, vint y faire satisfaction au roi de l'insulte qu'avait reçue à Rome le duc de Créqui, ambassadeur de Sa Majesté.

Deux ans auparavant, Louis XIV avait forcé le roi d'Espagne à lui envoyer un ambassadeur dans la même résidence, pour y déclarer, en présence de tous les ministres étrangers, que le conflit d'étiquette qui s'était élevé à Londres n'aurait plus lieu, parce qu'à l'avenir les ministres espagnols ne concourraient plus pour la préséance avec ceux du roi de France. Le 31 août 1679, Louise d'Orléans, nièce de Louis XIV épousa, par procuration, Charles II, roi d'Espagne. La cérémonie du mariage se fit dans la chapelle de la Sainte-Trinité, et la jeune reine partit le 20 septembre suivant, pour se rendre dans sa nouvelle patrie.

Un acte qui rappelle à Fontainebleau un souvenir pénible, c'est la révocation de l'Édit de Nantes, donné par Henri IV et confirmé par le roi Louis XIII, son fils. Cet acte qui permettait l'exercice public de la religion protestante, fut révoqué le 22 octobre 1685. La liberté de conscience fut abolie, tous les temples des Calvinistes furent détruits, les pasteurs persécutés et bannis. Enfin, tous les individus qui tenaient aux principes de la Réforme, furent obligés de s'expatrier. L'Allemagne, la Hollande et l'Angleterre surtout leur tendirent les bras, et reçurent, en échange de l'hospitalité, les arts et l'industrie. Aussi la fameuse Christine dont nous avons parlé plus haut, écrivait-elle de Rome : « je considère aujourd'hui « la France comme un malade à qui on coupe « bras et jambes pour le guérir d'un mal qu'un « peu de patience et de douceur auraient entiè- « rement guéri ; mais je crains fort que ce mal « ne s'aigrisse et ne devienne enfin incurable. »

Le 9 novembre 1685, mourut à Fontainebleau, Louis-Armand de Bourbon, prince de Conti, gendre du roi ; et, le 11 décembre 1686, le grand

Condé vint y terminer sa glorieuse carrière à l'âge de 66 ans.

Tels sont les faits les plus mémorables qui se sont passés dans cette résidence royale sous le règne de Louis-le-Grand. Pendant la régence, la cour n'y fit pas de voyage. Seulement, le 30 mai 1700, le Czar Pierre-le-Grand faisant son tour d'Europe vint y passer 24 heures. Le duc de Villeroy, grand-veneur, lui fit faire une chasse à courre dans la forêt. Au retour de cette partie de plaisir, une collation devait être servie au Czar et à sa suite, dans l'appartement des reines-mères où le monarque du Nord était logé. Mais émerveillé de la situation du pavillon de l'étang qu'il voyait de ses croisées, il demanda que le repas y fût servi. Rien n'y manqua. Le Czar s'y rendit avec son monde seulement, car il n'invita personne de la maison du roi. Le repas terminé, il fit donner le signal d'amener les barques. On s'aperçut alors qu'on avait fait honneur à la table, que les libations avaient été copieuses, puisque, hors d'état de se soutenir, il fallut porter les Russes et leur chef dans les carosses qui les attendaient sur le bord de l'étang, pour les conduire à Petit-Bourg où ils devaient souper chez le duc d'Antin.

Louis XV vint à Fontainebleau pour la première fois en 1724. L'année suivante, il y épousa la princesse Marie (1), fille de Stanislas Leczinski, deux fois roi de Pologne, deux fois dépossédé, et à qui le roi donna la souveraineté viagère de la Lorraine, province tout récemment réunie à la France, et sur laquelle Stanislas régna en père de famille.

Le 5 novembre 1726, le célèbre Fleury, d'abord évêque de Fréjus, puis précepteur de Louis xv, et enfin son premier ministre, reçut des mains de Sa Majesté le chapeau de cardinal. Par une distinction toute particulière, le roi lui donna l'accolade, en témoignage de sa reconnaissance, comme disciple et comme souverain d'un État dont le vieux prélat dirigeait avec habileté le gouvernement.

Le 26 octobre 1728, Louis xv, qui depuis quelques jours était à Fontainebleau, se trouva indisposé au retour d'une chasse : les soins les plus prompts et les plus minutieux lui furent prodigués; mais on ne pût empêcher la petite vérole de se déclarer. Sa vie fut pendant quelques jours dans le plus grand danger. Enfin, son tempérament robuste l'emporta : sa guérison fut rapide et fournit au peuple l'occasion de faire voir, par ses réjouissances, jusqu'à quel point il peut s'attacher au souverain qui s'occupe de son bonheur et de sa prospérité.

Le 20 décembre 1765, le dauphin, fils de Louis xv, mourut à Fontainebleau, à la suite d'une longue et douloureuse maladie. Il rendit le dernier soupir à huit heures du matin, et avant dix heures, le roi et toute la cour étaient déjà en route pour retourner à Versailles. Les restes mortels de ce prince furent transportés en grande pompe à Sens, et déposés dans le chœur de la cathédrale, où quelque temps après fut érigé en son honneur un mausolée magnifique, ouvrage du sculpteur Coustou. Le dauphin fut père de trois rois de France, Louis XVI, Louis XVIII et Charles X.

Les voyages de Fontainebleau qui avaient ordinairement lieu à l'automne, furent sous le règne de Louis XV, comme sous celui de son prédécesseur, marqués souvent par des crises politiques et des intrigues de cour. C'est dans ce palais que s'opérèrent la plupart de ces changemens si fréquens de ministres, qui préludaient de loin aux grands événemens dont un célèbre historien de notre époque [1] a buriné le souvenir pour la postérité. Les femmes les plus brillantes de la Cour accompagnaient la reine dans cette résidence royale, et, par leur élégance et leur enjouement, contribuaient à faire de Fontainebleau un séjour délicieux. Le faste et la magnificence y étaient déployés dans toute leur grandeur; on donna enfin à ces voyages une importance si marquée, que les grands seigneurs finirent par briguer l'honneur d'en faire partie, comme depuis long-temps déjà ils briguaient celui de monter dans les carrosses du roi ou d'être admis aux intimités de l'œil-de-bœuf. Les premiers

[1] M. Thiers. (*Histoire de la Révolution française.*)

artistes pour lesquels, à cette époque, un geste flatteur du monarque était un puissant véhicule, venaient y représenter les productions de nos grands maîtres. *Tartuffe* y avait eu plusieurs fois les honneurs de la scène ; les tragédies de Voltaire y étaient accueillies avec enthousiasme, et la cour de Louis xv versait des larmes de plaisir à la première représentation du *Devin du Village.*

Sous le règne de Louis xvi, les voyages de la Cour à Fontainebleau commencèrent à être négligés. La raison que l'on en donne, c'est que le roi avait décidé qu'il n'y aurait plus de jeux publics comme par le passé. Toujours est-il qu'au voyage d'octobre 1786, on ne comptait avec la famille royale que les personnes qui se trouvaient de service à cette époque. Louis xvi s'était déjà plaint l'année précédente d'une semblable insouciance, et avait même fait des menaces; il les réalisa alors en faisant revivre le fameux réglement de Louis xiv, qui obligeait tous les propriétaires des grandes charges de cour à résider partout où se trouverait la famille royale et à la suivre dans les grands voyages, sous peine de perdre une partie du revenu affecté à la charge dont chacun d'eux était pourvu.

Mais cette mesure, qui avait reçu pleinement son exécution sous le règne du tout puissant Louis xiv, manqua son effet sous celui de son trop faible successeur. D'ailleurs, les temps étaient changés ; les idées nouvelles avaient fait irruption partout ; la cour elle-même n'avait point été à l'abri de leur influence, et la royauté perdait chaque jour de cette splendeur, de cet éclat dont elle était entourée un siècle auparavant.

Ainsi que leurs prédécesseurs, les rois Louis xv et Louis xvi firent travailler au palais de Fontainebleau ; mais il serait peut-être à désirer qu'ils n'en eussent jamais eu l'idée. Qu'est-ce, en effet, que ce grand bâtiment appelé l'*Aile Neuve des Princes?* a-t-il dignement remplacé celui sur les fondemens duquel il a été établi ? Outre que celui-ci renfermait des chefs-d'œuvre de peinture et de sculpture du temps de François 1er, puisqu'il contenait dans toute son étendue la vaste galerie d'Ulysse, œuvre du Primatice et des peintres les plus distingués d'alors, il avait en même temps l'avantage de s'harmoniser merveilleusement avec toutes les constructions qui, à cette époque, entouraient de tous côtés la cour du Cheval-Blanc.

Au regret légitimement exprimé par les artistes et les hommes de goût vient s'en joindre un autre aussi bien motivé : il résulte de la destruction de la galerie des Cerfs, de la chambre de Saint-Louis, etc. ; monumens historiques qui dans le même temps ont succombé sous la main barbare des architectes de Louis xv.

Si les peuples ont leurs époques de vandalisme, époques désastreuses, s'il arrive que dans un transport d'effervescence révolutionnaire ils détruisent ce qui faisait quelques instans auparavant l'objet de leur admiration, il faut avouer que les rois, eux aussi, ne sont point à l'abri de ces fantaisies humaines, puisque, de sang-froid et sans raison, on les a vus sacrifier à un caprice du moment des choses que le respect eût dû transmettre religieusement de siècle en siècle.

VI.

FONTAINEBLEAU

SOUS L'EMPIRE.

—

La révolution, qui détruisit tant de choses et en édifia tant d'autres, épargna Fontainebleau. Il semblait qu'elle le considérât comme destiné à perpétuer le souvenir des grandes phases de notre histoire : mais cette résidence royale, naguères si fastueuse et si brillante, devint tout-à-coup déserte, et on put bientôt lui appliquer avec vérité ce vers d'*Athalie*,

« Et de Jérusalem l'herbe couvre les murs. »

Fontainebleau tomba donc tout-à-fait dans

l'oubli, mais ce ne fut que pour se relever un peu plus tard avec majesté, et devenir le séjour favori du maître de l'Europe. En effet, le règne de Napoléon recommença une ère nouvelle et brillante pour Fontainebleau. Cet homme extraordinaire, qui présida pendant quinze ans aux destinées de la France et la couvrit d'une gloire immortelle, trouva cet antique palais dans un entier délabrement. L'intérieur, si riche aujourd'hui, offrait l'aspect d'une de ces ruines qui rappellent les fastes brillans de la royauté et la grandeur des nations. Les chefs-d'œuvre de la renaissance étaient ou détruits ou couverts de cette rouille produite par la poussière et l'humidité. Le siècle de François 1er, celui de Louis XIV étaient effacés à Fontainebleau comme partout ailleurs. La toiture de ce vieux château ressemblait à un crible à travers lequel l'eau coulait de toutes parts. Enfin ce riche monument de la monarchie française était menacé d'une destruction entière et prochaine après avoir échappé au vandalisme révolutionnaire. Les souvenirs qu'il rappelait frappèrent l'imagination du héros de l'Italie et des Pyramides; la restauration en fut décidée. Des architectes arrivèrent et mirent à l'œuvre maçons, charpentiers, couvreurs, etc., en si grand nombre qu'il y en avait sur tous les points.

Les travaux furent vivement pressés, parce que le pape Pie VII devait s'arrêter à Fontainebleau, en venant de Rome à Paris, pour sacrer l'empereur. Il ne se doutait guères que, dix ans plus tard, ce palais où il avait été accueilli avec tant de soins et d'égards lui servirait de prison ; mais notre tâche n'est point de rechercher les causes qui amènent les événemens ; contentons-nous d'atteindre le but que nous nous sommes proposé, celui de narrer simplement les faits avec toute la véracité de l'Histoire.

Aussitôt que l'empereur Napoléon eut été informé que le Pape avait passé Lyon, il se rendit à Fontainebleau, et alla au-devant du Saint-Père, à une demi-lieue de la ville, sur la route de Nemours. La rencontre se fit au milieu de la forêt, à la croix de Saint-Hérem, où, douze ans plus tard, Louis XVIII vint recevoir la princesse Caroline de Naples, fiancée à son neveu le duc de Berry.

Le prince de la chrétienté monta ensuite dans la voiture de l'empereur, et s'y assit à la droite de Sa Majesté : ils arrivèrent ensemble au palais le 25 novembre 1804, y passèrent le reste de la journée, et se rendirent ensuite à Paris, où quelques jours après eut lieu la cérémonie du sacre.

Ce fut donc le premier séjour du pape dans cette résidence devenue impériale, qui en motiva la restauration et l'ameublement. Les travaux commencés à cette occasion furent continués depuis sans relâche, et durèrent autant que le règne du Grand-Homme, puisque dans cet espace de temps, il dépensa, pour embellir son palais de Fontainebleau, près de sept millions de francs.

Les principaux changemens qui s'y sont opérés prouvent le goût décidé de Napoléon pour les belles choses. Un vieux bâtiment flanqué de trois pavillons, et construit sous François 1er masquait, à sa principale entrée, la cour du Cheval-Blanc ; il le fait détruire et remplacer par la grille en fer qui existe aujourd'hui. Une forêt de broussailles rendait désagréable l'habitation de l'aile neuve des Princes, construite par Louis xv et Louis xvi, sur l'emplacement de la galerie d'Ulysse, Napoléon fait transformer ce repaire de reptiles, en un jardin anglais d'un dessin bien entendu et d'une rare beauté. Une fontaine construite en grès et en partie rongée de vétusté, chagrinait l'œil du nouveau maître ; il en fait disparaître les ruines, et son petit jardin de l'Orangerie, où il aimait à se promener solitairement, en possède bientôt une autre en marbre blanc, au milieu de laquelle s'élève majestueusement, sur un piédestal de marbre, l'antique statue en bronze de Diane chasseresse. Depuis François 1er il n'y avait pas eu de bibliothèque dans le palais, trente mille volumes y sont envoyés et casés dans la chapelle haute. Enfin, c'est pendant le cours de ses travaux militaires et de ses victoires, que Napoléon faisait meubler le château à peu près comme on le voit encore aujourd'hui, et consacrait à cette dépense une somme d'environ six millions.

Fontainebleau se rappellera toujours avec reconnaissance les bienfaits de cet homme extraordinaire, et la classe industrielle et ouvrière de la ville bénira long-temps sa mémoire.

Napoléon, après avoir placé sur sa tête, à Milan, le 26 mai 1805, la couronne de fer des empereurs d'Allemagne, rois d'Italie, fit quelques excursions dans les principautés voisines pour presser leur organisation. Étant arrivé à Gênes, il apprend les dispositions hostiles de l'Autriche, et obtient la certitude qu'une troisième coalition des puissances européennes contre la France vient d'être organisée: il monte soudain en voiture avec l'impératrice Joséphine, et, en cinquante heures, il arrive au milieu de la nuit à Fontainebleau, où on était loin de prévoir un retour si précipité. En un clin d'œil tout le monde est sur pied, car rien n'était disposé pour le recevoir. On s'empresse de préparer son lit et celui de l'impératrice; en attendant, il descend au cabinet topographique, se jette sur ses cartes en mangeant un morceau de pain et quelques fruits. Deux heures de repos lui suffisent, et le lendemain à midi il recevait dans la salle du Conseil les députations du sénat et du Corps-Législatif.

En réédifiant l'empire de Charlemagne et en faisant revivre la cour de Louis XIV, l'Empereur rétablit l'usage des voyages de Fontainebleau. Les questions de la plus haute politique furent traitées dans cette résidence impériale, au milieu des plaisirs et des divertissemens.

A l'occasion du mariage de son frère Jérôme, roi de Westphalie, avec la princesse Frédérique-Catherine de Wurtemberg, des fêtes magnifiques furent données à Fontainebleau. La cour y arriva le 12 octobre 1807, et y passa près d'un mois; c'est dans cet intervalle que fut traitée et résolue la fameuse question du blocus continental. Le 14 octobre, Napoléon déclara au corps diplomatique réuni en audience solennelle dans la salle du Trône, que désormais il ne tolèrerait plus de liaison soit commerciale, soit diplomatique, avec l'Angleterre; et que, si dans l'espace de deux mois, le prince régent de Portugal n'y avait pas renoncé, la maison de Bragance cesserait de régner dans ce royaume.

Le 27 octobre suivant, une convention fut conclue à Fontainebleau entre les plénipotentiaires Français et Espagnol pour la division du Portugal. Ce partage fut fait en trois lots. La partie septentrionale fut donnée au roi d'Étrurie, en échange de la Toscane qui fit retour à la France : la partie méridionale fut attribuée à titre de

5

principauté, au célèbre ministre d'Espagne, don Manuel Godoy; et après la conclusion de la paix, les provinces du milieu devaient faire l'objet d'une disposition particulière et d'une convention nouvelle; ainsi le sort de la Péninsule, et un peu plus tard celui de la monarchie espagnole fut décidé à Fontainebleau. C'est là que Napoléon commença à exécuter le projet fatal et insensé de renverser les rois de l'Europe, pour faire monter sur leurs trônes vacans, tous les membres de sa famille.

En effet, les choses furent amenées au point que, le 9 mai 1808, le roi d'Espagne, Charles IV, céda à Napoléon, par le traité de Bayonne, le gouvernement de l'Espagne et des Indes: un mois après, il séjournait à Fontainebleau en se rendant à Compiègne, lieu qui lui avait été désigné pour retraite : il y occupa pendant vingt-quatre jours les appartemens qui, quatre ans après, servirent de prison au pape Pie VII.

La cour ne fit pas de voyage à Fontainebleau en 1808, parce que l'empereur qui était en Espagne y resta jusqu'à la fin de l'année. Mais dans l'automne de 1809, il y eut un voyage très brillant, et remarquable par l'événement qui y fut préparé. Je veux parler du divorce de Napoléon avec l'impératrice Joséphine. Ce fut en effet à Fontainebleau que ce mot terrible fut prononcé devant la bonne Joséphine, pour la première fois, d'une manière officielle. Elle devait, assure-t-on, y être un peu préparée; car à Milan, quelques jours après le couronnement, obligée de partir subitement avec l'Empereur, elle versait des larmes en quittant son fils Eugène qu'elle chérissait par-dessus tout, et qui, sous tous les rapports, était digne de son vif attachement. « Tu « pleures, Joséphine, lui dit Napoléon; tu pleures « pour une séparation momentanée; si le chagrin « de quitter ses enfans est si puissant, c'est donc « une bien grande jouissance d'en avoir; juge « alors de ce que doivent souffrir ceux qui n'en « ont pas. »

Le souvenir de ces paroles prononcées avec l'accent d'une profonde réflexion, revenait souvent à l'esprit de l'impératrice. Pendant long-temps elle en éluda la signification prophétique, mais à Fontainebleau ses doutes se changèrent en une désespérante réalité, et toutes les illusions qu'elle s'était faites jusque-là, furent entièrement détruites. Ce qui dut la consoler un peu, c'est que pendant tout le temps que durèrent les conférences relatives à cette pénible séparation, l'empereur, qui éprouvait le plus vif chagrin de quitter une femme qu'il avait aimée avec passion, était morne, silencieux, et refusait toutes les occasions qui lui étaient offertes de se distraire. Mais la raison d'état l'emporta enfin sur les sentimens du cœur. Le divorce fut décidé, et le mariage de l'empereur avec l'archiduchesse Marie-Louise d'Autriche, fut annoncé au sénat par un message du 27 février 1810.

L'automne suivant, Napoléon amena la nouvelle impératrice à Fontainebleau, et y fit un séjour de six semaines. Les premiers acteurs du Théâtre-Français et de l'Opéra vinrent ajouter aux fêtes de la cour, et représentèrent sur le théâtre du palais, les productions de nos grands tragiques, et de nos meilleurs compositeurs. Talma, pour lequel l'empereur avait une prédilection particulière, fit les délices des spectateurs, et obtint du souverain l'hommage public d'une admiration que son talent terrible et vrai provoquait à juste titre.

Au milieu de ces fêtes, la politique n'était point oubliée. C'est de Fontainebleau que, le 18 octobre 1810, Napoléon lança ce décret foudroyant, qui portait le cachet du délire, et qui ordonnait de saisir et de brûler toutes les marchandises anglaises en France, et dans les pays soumis à sa domination.

A cette époque l'impératrice était enceinte : Napoléon était au comble du bonheur à la pensée que bientôt il serait père; mais cette idée qui lui souriait si délicieusement, était parfois troublée par celle que peut-être la Providence ne lui donnerait pas un héritier. C'était là que tendaient tous ses projets de félicité pour le soir de son orageuse existence, de même que tous ces projets d'agrandissement qui devaient faire de l'empire français le premier état monarchique du monde. Aussi depuis long-temps déjà pensait-il à mettre la couronne d'Italie sur la tête de l'enfant dont il attendait la naissance. C'est de Fontainebleau qu'étaient parties les premières instructions à ses agens pour décider le pape à abandonner sa souveraineté temporelle; mais ayant trouvé une résistance à laquelle il ne s'attendait pas, et le chef de l'Eglise ayant lancé contre lui et ses adhérens l'inutile et intempestive sentence d'excommunication, avait été enlevé du palais Quirinal le 6 juillet 1809 : amené d'abord à Florence, de Florence à Turin, de là à Dijon, puis de Dijon à Savone, le pape fut enfin conduit à Fontainebleau, où il arriva le 19 juin 1812, à une heure après midi.

La voiture de sa Sainteté, dans laquelle était le colonel de gendarmerie Lagorsse, y avait été précédée d'un quart-d'heure, par un courrier qui, s'adressant au concierge, lui demanda si l'appartement que devait occuper un grand personnage, arrivant par la route d'Italie, était disposé ? Sur la réponse négative de ce chef de service, qui ajouta n'avoir reçu aucun ordre, le courrier remonte à cheval et rejoint la voiture du pape. Peu d'instans après, elle s'arrête devant la cour du Cheval-Blanc ; le colonel Lagorsse en descend pour parler au concierge. Celui-ci, fidèle à la consigne qu'il avait reçue de ne loger personne dans le palais, sans ordre, en refuse l'entrée au colonel, et lui propose en même temps de conduire le Saint-Père dans une maison de la rue Basse, où il attendrait des instructions ultérieures. La proposition est acceptée. Le pape est installé provisoirement dans la maison que le concierge avait indiquée et qui lui appartenait. Quelques heures après, le duc de Cadore étant arrivé, fit conduire Pie VII dans le palais, où il occupa, dès ce moment même, le bel appartement qui lui avait été assigné par l'empereur.

Napoléon était alors à la tête de l'armée avec laquelle il se proposait de renverser la puissance de la Russie; ce ne fut donc qu'à son retour, et dans les commencemens de janvier 1813, qu'il vint voir Pie VII. Il arriva à l'improviste avec l'impératrice, et, peu d'instans après, se fit annoncer chez le pape.

L'entrevue fut marquée d'un côté par la manifestation d'un désir bien prononcé de terminer les affaires de l'Église, et de l'autre par une ferme résolution de ne rien céder. Le moment était en effet favorable; l'empereur venait d'éprouver en Russie l'épouvantable échec qui devait le précipiter du trône; aussi la conférence entre les deux souverains n'amena-t-elle aucun résultat satisfaisant. On a répandu faussement que l'empereur s'était livré à des emportemens honteux qui n'étaient ni dans son caractère, ni dans ses procédés habituels [2]. On raconte encore, ce qui n'est pas plus croyable, que le cardinal Fesch, oncle de l'empereur, ayant voulu prendre le parti du pape, Napoléon lui aurait dit : « Où ce vieillard obstiné veut-il donc que je l'envoie? » A quoi le cardi-

nal aurait répondu : « Au ciel apparemment. »
Le pontife romain resta à Fontainebleau jusqu'au
24 janvier 1814, et y fut continuellement l'objet
des plus grands égards de la part des personnes
chargées de le surveiller [3].

Napoléon, après cette entrevue avec le pape,
ne revit Fontainebleau qu'au moment de la grande
catastrophe qui le fit tomber du faîte de la puissance où il était parvenu. Cette vieille résidence,
déjà si riche en souvenirs, devait être témoin
d'un drame politique qui allait compléter sa renommée.

La campagne de 1813, après avoir été marquée
par des succès qui pouvaient faire présumer une
issue favorable, finit de la manière la plus désastreuse. Une immense coalition, fomentée long-temps dans le secret, éclate tout-à-coup contre
l'empereur. D'innombrables masses sont opposées
à l'armée française : elle est obligée de céder et
de venir défendre pied à pied le sol de la patrie
contre l'étranger prêt à l'envahir. Napoléon est
à sa tête ; et, au jugement des hommes les plus
expérimentés, la campagne de France est celle
où il déploya le plus de génie, comme si sa carrière militaire devait finir avec tout l'éclat dont
sa jeune gloire avait brillé vingt ans auparavant
dans les déserts de l'Afrique et dans les champs
d'Italie ; mais il est des destinées contre l'accomplissement desquelles on ne peut pas lutter ; c'est
le sort qui était réservé à Napoléon. La fortune,

ou plutôt, comme disait le grand Condé, « les » gros bataillons, » l'emportèrent sur les combinaisons les plus savantes et les plus hardies. Paris tomba au pouvoir de l'étranger; l'empereur l'apprit à Troyes, le 30 mars, et le 31 il était à Fontainebleau à six heures du matin.

Maintenant laissons parler un historien appartenant au trop petit nombre de ses anciens amis qui l'entouraient alors. Témoin oculaire, il nous a transmis avec toute la fidélité de l'histoire et toute la véracité d'un noble caractère, les particularités qui ont marqué cette halte de Napoléon, et les sensations pénibles qu'il dût éprouver, ainsi que les témoins d'un événement aussi inattendu que celui de l'abdication.

« On ne prend dans le château qu'un logement
» militaire, tous les grands appartemens restent
» fermés; Napoléon s'établit dans son petit appar-
» tement, situé au premier étage le long de la
» galerie de François Ier.

» Dans la soirée et dans la matinée du lende-
» main, on voit arriver, par la route de Sens, la
» tête des colonnes que Napoléon ramène de la
» Champagne, et, par la route d'Essonne, l'avant-
» garde des troupes qui sortent de Paris : ces dé-
» bris se groupent autour de Fontainebleau.

» Le 1er et le 2 avril se passent sans nouvelles
» positives de Paris, seulement on apprend les

» dispositions peu favorables des alliés pour la
» cause de Napoléon qui, depuis son arrivée, ne
» cesse de préparer des dispositions militaires
» pour parer le coup qu'on veut lui porter.

» Dans la nuit du 2 au 3 avril, continue le
» même historien, le duc de Vicence arrive et se
» présente à Napoléon.

» Si les alliés se sont déclarés contre la per-
» sonne de Napoléon, cependant tout espoir ne
» semble pas encore perdu. Le duc de Vicence
» est parvenu à se faire entendre ; il a obtenu un
» retour favorable aux intérêts de la régente et
» de son fils. Ce parti, qui a aussi sa légitimité,
» réunit de grands moyens d'opinion ; il balance
» maintenant dans l'esprit des souverains les réso-
» lutions opposées qu'on leur suggère en faveur
» des Bourbons : mais une prompte décision est
» nécessaire de la part de Napoléon ; et c'est son
» abdication que le duc de Vicence vient de-
» mander.

» Napoléon ne pense pas qu'un pareil parti
» puisse se prendre à l'improviste ; il résiste aux
» instances du duc de Vicence et refuse de s'ex-
» pliquer. Le jour vient, et il monte à cheval
» pour visiter la ligne de ses avant-postes : la
» journée du 3 se passe ainsi en inspections mili-
» taires. Le soldat était bien disposé et accueillait,
» par des cris de joie, le projet d'arracher la ca-
» pitale à l'ennemi.....

» C'est dans ces dispositions que l'on apprend

» que le sénat a proclamé la déchéance. Napoléon
» a reçu le sénatus-consulte, dans la nuit du 3
» au 4, par un exprès du duc de Raguse.

» Cependant, le 4, les ordres étaient donnés
» pour transférer le quartier impérial entre Pon-
» thierry et Essonne. Après la parade, qui avait
» lieu tous les jours à midi dans la cour du
» Cheval-Blanc, les principaux officiers de l'armée
» avaient reconduit Napoléon dans son apparte-
» ment...... Une conférence s'était ouverte sur la
» situation des affaires ; elle se prolonge dans
» l'après-midi, et lorsqu'elle est finie, on apprend
» que Napoléon a abdiqué..... en faveur de son
» fils et de sa femme régente ; il en rédige l'acte
» de sa main et en ces termes :

« Les puissances alliées ayant proclamé que
» l'empereur Napoléon était le seul obstacle au
» rétablissement de la paix en Europe, l'empereur
» Napoléon, fidèle à son serment, déclare qu'il
» est prêt à descendre du trône, à quitter la
» France, et même la vie, pour le bien de la pa-
» trie, inséparable des droits de son fils, de ceux
» de la régence de l'impératrice, et du maintien
» des lois de l'Empire.

» Fait en notre palais de Fontainebleau, le 4
» avril 1814.
  » *Signé* NAPOLÉON. »

Le duc de Vicence, à qui l'empereur adjoint

le prince de la Moskowa et le maréchal duc de Tarente, part de suite pour Paris, porteur de cette pièce qui paraissait devoir produire un bon effet; mais déjà il était trop tard, la fortune en avait décidé autrement; et celui qui avait fait trembler tous les rois de l'Europe, allait être forcé de renoncer pour lui et ses descendans à une double couronne rendue si éclatante par ses victoires. Ce n'était pas encore tout; il fallait que le cœur de Napoléon fut mis à une nouvelle épreuve, et reçut le coup le plus sensible qui lui eût encore été porté jusqu'alors.

« Dans la nuit du 4 au 5 avril, continue l'his-
» torien que nous citons, le colonel Gourgaud,
» qui avait été porter des ordres, arrive d'Essonne
» en toute hâte : il annonce que le duc de Raguse
» a quitté son poste; qu'il est allé à Paris, qu'il
» a traité avec l'ennemi, que ses troupes mises
» en mouvement par des ordres inconnus, tra-
» versent en ce moment les cantonnemens des
» Russes, et que Fontainebleau reste à dé-
» couvert.
» Napoléon ne peut d'abord croire à cette in-
» concevable défection. Lorsqu'il ne lui est plus
» permis d'en douter, son regard devient fixe; il
» se tait, s'assied, et paraît livré aux idées les
» plus sombres. « L'ingrat, s'écrie-t-il en rom-
» pant un douloureux silence, il sera plus mal-
» heureux que moi! »

» Napoléon avait le cœur oppressé par des sen-
» timens trop pénibles, pour n'avoir pas besoin
» de les épancher; c'est à l'armée elle-même qu'il
» veut confier ses peines. » Un ordre du jour,
daté de Fontainebleau le 5 avril 1814, lui annonce ce fatal événement, et les suites qu'il doit avoir; il lui fait connaître en même temps la mission dont il a chargé le duc de Vicence à Paris, et il termine en assurant l'armée : « Que l'hon-
» neur de l'empereur ne sera jamais en contra-
» diction avec le bonheur de la France. »

Du 5 au 11 avril, les trois plénipotentiaires de Napoléon employent tous les moyens de faire réussir l'objet de leur mission; mais leurs efforts sont infructueux : « L'abdication en faveur de la
» régente et de son fils ne suffit plus à un ennemi
» rassuré : on déclare aux plénipotentiaires qu'il
» faut que Napoléon et sa dynastie renoncent
» entièrement au trône. »

Le duc de Vicence revient donc à Fontainebleau pour apprendre cette triste nouvelle à Napoléon. Plusieurs projets sont de nouveau discutés; mais on ne s'arrête à aucun : les horreurs d'une guerre civile presqu'inévitable effraient l'empereur et détruisent les plans qu'il forme. Enfin cette invincible et affreuse raison, que l'on nomme la nécessité, le détermine à signer, le 11 avril, un acte d'abdication sans restriction; il le rédige lui-même dans les termes suivans :

« Les puissances alliées ayant proclamé que l'em-
» pereur Napoléon était le seul obstacle au rétablis-
» sement de la paix en Europe, Napoléon, fidèle à
» son serment, déclare qu'il renonce pour lui et
» ses enfans, aux trônes de France et d'Italie, et
» qu'il n'est aucun sacrifice personnel, même
» celui de la vie, qu'il ne soit prêt à faire à l'in-
» térêt de la France. »

« Les alliés, continue le même historien, osaient
» à peine se flatter qu'on pût amener Napoléon
» à un sacrifice aussi absolu. Le duc de Vicence
» leur présente l'acte que Napoléon vient de si-
» gner, et les hostilités sont aussitôt suspendues
» sur tous les points. »

Du 12 au 20 mars, le temps se passa à régler tous les arrangemens relatifs à l'abdication qu'on venait d'arracher à Napoléon ; le point principal du traité était que ce grand homme, abandonné par la fortune, aurait en souveraineté l'île d'Elbe, dans la Méditerrannée. Quatre commissaires des puissances alliées sont désignés pour l'accompagner dans cette nouvelle patrie, qu'on le force d'adopter.

« Le 20 avril, à midi, tous les préparatifs pour
» le départ étant faits, les voitures de voyage
» viennent se ranger dans la cour du Cheval-

» Blanc. La garde-impériale prend les armes et
» forme la haie. A une heure, Napoléon sort de
» son appartement; il trouve rangé sur son pas-
» sage ce qui reste autour de lui de la Cour la
» plus nombreuse et la plus brillante de l'Europe :
» c'est le duc de Bassano, le général Belliard, le
» colonel de Bussy, le colonel Anatole de Montes-
» quiou, le comte de Turenne, le général Fouler,
» le baron de Mesgrigny, le colonel Gourgaud, le
» baron Fain, (dans l'ouvrage duquel nous avons
puisé tous ces détails), « le lieutenant-colonel
» Athalin, le baron de la Place, le baron Lelorgne-
» d'Ideville, le chevalier Jouanne, le général
» Kosakowski et le colonel Vonsowitch : ces deux
» derniers, Polonais; le duc de Vicence et le
» général comte Flahaut se trouvaient alors en
» mission.

» Napoléon tend la main à chacun, descend vi-
» vement l'escalier, et, dépassant le rang des voi-
» tures, s'avance vers la garde. Il fait signe qu'il
» veut parler; tout le monde se tait; et dans le
» silence le plus religieux, on écoute ses dernières
» paroles. »

« Soldats de ma vieille garde, je vous fais
» mes adieux. Depuis vingt ans, je vous ai trou-
» vés constamment sur le chemin de l'honneur et
» de la gloire. Dans ces derniers temps, comme
» dans ceux de notre prospérité, vous n'avez
» cessé d'être des modèles de bravoure et de fidé-

» lité. Avec des hommes tels que vous, notre
» cause n'était pas perdue; mais la guerre était
» interminable : c'eût été la guerre civile, et la
» France n'en serait devenue que plus malheu-
» reuse. J'ai donc sacrifié tous nos intérêts à ceux
» de la patrie; je pars : vous, mes amis, continuez
» de servir la France. Son bonheur était mon
» unique pensée; il sera toujours l'objet de mes
» vœux! Ne plaignez pas mon sort; si j'ai con-
» senti à me survivre, c'est pour servir encore à
» votre gloire. Je veux écrire les grandes choses
» que nous avons faites ensemble!... Adieu, mes
» enfans! Je voudrais vous presser tous sur mon
» cœur; que j'embrasse au moins votre dra-
» peau! »

« A ces mots, continue M. le baron Fain, le
» général Petit, saisissant l'aigle, s'avance. Napo-
» léon reçoit le général dans ses bras, et baise
» le drapeau. Le silence d'admiration que cette
» grande scène inspire n'est interrompu que par
» les sanglots des soldats. Napoléon, dont l'émo-
» tion est visible, fait un effort et reprend d'une
» voix ferme : « Adieu encore une fois, mes vieux
» compagnons! Que ce dernier baiser passe dans
» vos cœurs! »

« Il dit, et s'arrachant au groupe qui l'entoure,
» il s'élance dans sa voiture, au fond de laquelle
» est déjà le général Bertrand.

» Aussitôt les voitures partent; des troupes

» françaises les escortent, et l'on prend la route
» de Lyon. Partout sur son passage, Napoléon re-
» cueille des témoignages d'amour et de regrets. »
« On peut contester les louanges, dit Laharpe,
» mais jusqu'ici, ce me semble, on n'a pas con-
» testé les regrets; et quand les peuples pleurent
» un souverain, il faut les en croire! »

C'est donc à Fontainebleau qu'est venu s'écrouler ce colosse de puissance et de gloire qui avait bouleversé l'Europe, et qui *semblait devoir imprimer une face nouvelle à l'univers.* C'est dans ce palais, déjà si célèbre, que s'acheva le grand drame dont Napoléon a été le héros, et dont le pinceau d'Horace Vernet a retracé le dénoûment d'une manière à la fois si vraie et si touchante.

VII.

FONTAINEBLEAU
SOUS LA RESTAURATION.

La grande catastrophe qui venait de précipiter du trône de France celui qui naguère dictait des lois à l'Europe entière, avait bouleversé tant d'existences, déplacé tant de positions, et avait fait une telle révolution dans les esprits, qu'il fallait un laps de temps bien long et beaucoup de ménagemens pour rétablir l'équilibre politique en France. Mais il était écrit dans les destinées du monde, que le gouvernement de la restauration n'aurait d'abord qu'une année d'existence. Louis XVIII venait cependant de créer un nouvel ordre de choses sur des bases nouvelles, et tout faisait espérer un avenir heureux. Fontainebleau devait en profiter à plus d'un titre. Mais le roi n'y vint pas dans l'espace de temps écoulé depuis sa rentrée, jusqu'aux cent jours; les princes de sa famille y firent seulement quelques excursions momentanées, qui n'offrent rien d'intéressant. En juillet 1814, le duc de Berri arriva dans cette résidence royale pour passer en revue les deux régimens de grenadiers et de tirailleurs de la vieille garde, qui venaient d'y être formés : ces braves lui demandèrent à grands cris d'aller, comme auparavant, tenir à leur tour, garnison dans la capitale. Le prince promit de porter au pied du trône leur demande, mais il ne parvint pas à la faire accueillir; et ces vieux soldats, pleins d'honneur et de patriotisme, furent envoyés en garnison à Metz et à Nanci.

Le mécontentement devint bientôt général dans l'armée. Napoléon en profita pour quitter l'île d'Elbe; et, le 1er mars 1815, il débarquait au golfe Juan, près de Cannes. Il arrive à Fontainebleau le 19, dans la nuit; passe le lendemain en revue, dans la cour du Cheval-Blanc, ces vieux grenadiers et chasseurs, auxquels un an auparavant il avait fait, au même endroit, des adieux si touchans; il part ensuite pour Paris; vers onze heures du soir, il entrait aux Tuileries.

Arrêtons-nous, et disons que Napoléon revoyait pour la dernière fois ce Fontainebleau, à qui il a donné plus d'un souvenir sur le rocher de Sainte-Hélène!......

La chûte de l'empire fit ajourner indéfiniment les voyages de Fontainebleau. Louis xviii n'y vint qu'une seule fois pour recevoir la princesse Caroline des Deux-Siciles, fiancée à son neveu, le duc de Berri; mais il n'y séjourna que quarante-huit heures. Fidèle conservateur de l'étiquette, le roi de France fit observer, en cette occasion, celle qui avait eu lieu à l'époque de son mariage avec la princesse Marie-Louise-Joséphine de Savoie, à la rencontre de laquelle il était venu avec toute la cour de Louis xvi, le 12 mai 1771. Comme son oncle, le duc de Berri fut logé à la chancellerie, et sa future, au château. Quoique déjà peu ingambe, Louis xviii visita en détail les appartemens : il les trouva très beaux et magnifiquement meublés; aussi, le comte d'Artois lui dit-il, dans le cours de cette visite : « Il faut « avouer, mon frère, que nous avons eu ici un « excellent fermier. »

Ce prince, devenu roi sous le titre de Charles x, vint tous les ans, à l'automne, passer cinq à six jours à Fontainebleau, pour y jouir du plaisir de la chasse à courre et à tir. Le dauphin, son fils, s'y rendait deux fois par semaine pendant les trois derniers mois de l'année, pour prendre le même exercice. Il arrivait, à onze heures du matin, au rendez-vous indiqué à un des carrefours de la forêt, chassait le cerf toute la journée, rentrait à la nuit pour dîner, et le lendemain, à six heures du matin, montait en voiture pour retourner à Paris. Les princesses accompagnaient ordinairement le roi dans ses voyages annuels à Fontainebleau; et la duchesse d'Angoulême y passait quelques heures toutes les fois qu'elle se rendait à Vichy pour y prendre les bains, ainsi qu'à son retour.

Le 30 juillet 1830, elle y arriva incognito, dans un négligé complet, et avec un visage sur lequel se peignait la plus vive anxiété, car, depuis Dijon, elle n'avait eu aucune nouvelle de sa famille. Elle s'empressa de se rendre chez le gouverneur, qui avait reçu l'ordre de l'attendre, et dont le nom seul pouvait lui répondre de son dévoûment, passa chez lui toute la journée, et quitta Fontainebleau à neuf heures du soir, au moment même où les couleurs nationales y remplaçaient le drapeau blanc.

Mais, pendant toute la restauration, il ne s'est passé aucun événement remarquable dans les voyages du roi ou des princes à Fontainebleau; et rien ne prouve qu'ils aient eu, pour cette résidence royale, la même prédilection que leurs ancêtres, puisque le plus long séjour qu'ils y ont fait n'a pas été d'une semaine. Cependant, sous le règne des rois Louis XVIII et Charles X, quelques travaux de réparation et d'embellissement furent exécutés; et, dans le nombre, on peut citer, en première ligne, la restauration de la galerie de Diane, commencée sous l'empire, et celle de la chapelle de la Sainte-Trinité, dont les travaux ne sont pas encore terminés.

Du reste, les princes de la restauration continuèrent, comme leurs ancêtres et comme Napoléon lui-même, à être les bienfaiteurs des indigens, dont la classe est assez nombreuse dans une ville sans industrie, qu'une vaste forêt entoure. Ils n'ont rien à regretter, grace à la sollicitude paternelle du roi des Français. Les travaux considérables qui s'exécutent depuis 1833, et qui dureront plusieurs années encore, fournissent aux ouvriers des moyens honorables d'existence; et les dons, ainsi que les aumônes de la famille royale, aux hospices et aux pauvres, viennent au secours des malheureux que l'âge ou les infirmités ont mis hors d'état de travailler.

Les étrangers de distinction qui ont visité Fontainebleau pendant le cours des quinze années de la restauration, sont peu nombreux; nous croyons devoir terminer ce chapitre historique en les désignant :

Le duc de Glocester étant venu en France pendant l'été de 1819, et ayant témoigné le désir de voir Fontainebleau, y fut accompagné par le prince de Talleyrand, que le roi Louis XVIII avait chargé de faire les honneurs de cette maison royale pendant le séjour du prince anglais.

Le prince Frédéric-Auguste, neveu du roi de

Saxe, et aujourd'hui roi lui-même, voyageant en France sous le nom de comte d'Hunolstein, s'est arrêté à Fontainebleau le 4 avril 1825, et a visité avec beaucoup d'intérêt cette résidence royale.

Le 27 juin 1825, le frère du roi de Naples, le prince de Salerne, arriva à Fontainebleau : le duc et la duchesse d'Orléans vinrent l'y recevoir, passèrent avec lui la journée du lendemain, et honorèrent de leur présence le spectacle de la ville, où, par un hasard heureux, la sémillante *Jenny Vertpré* jouait ce jour-là. L'affluence des spectateurs fut immense, et les princes furent accueillis avec l'enthousiasme le plus prononcé.

Enfin, le roi des Deux-Siciles, François II, étant venu à Paris, en quittant l'Espagne, où il était allé marier la princesse Christine, sa fille, avec le feu roi Ferdinand VII, passa à Fontainebleau, pour retourner dans ses états. Il y arriva le 29 juin 1830, avec la reine et une suite assez nombreuse. La duchesse de Berri, le duc et la duchesse d'Orléans les y accompagnèrent, et restèrent avec eux deux jours dans cette résidence royale. Leur temps y fut employé à visiter le palais, le parc et les jardins, ainsi qu'à faire des excursions dans la forêt. Le roi de Naples qui, au milieu des rochers, se croyait reporté dans les montagnes de l'Abbruze, s'informa avec intérêt des moyens employés pour aménager ce sol aride, et demanda au conservateur un rapport, qui lui fut envoyé quelques jours après. Les adieux se firent le 2 juillet, et furent fort tristes; on eût dit qu'ils pressentaient, l'un sa fin qui était prochaine, et les autres les grands événemens dont bientôt la France allait être le théâtre !

VIII.

FONTAINEBLEAU

SOUS LE ROI DES FRANÇAIS LOUIS-PHILIPPE Ier.

—

Demeure favorite de François 1er et de Henri IV, berceau de Louis XIII, brillant écueil où de nos jours est venue se briser la plus grande gloire militaire des temps modernes, le palais de Fontainebleau n'avait fait, sous la restauration, que traîner, pour ainsi dire, une existence sans mouvement et sans éclat.

De loin à loin, visité par des princes qui le regardaient simplement comme *rendez-vous de chasse*, il ne s'ouvrait plus qu'aux curieux attirés par le souvenir, tout récent encore, des adieux du grand capitaine.

Mais, une ère nouvelle, la révolution de 1830, est venue subitement le rappeler à son ancienne splendeur. Louis-Philippe, que la Providence avait réservé, dans nos troubles civils, pour le bonheur de la France, pour le repos et la paix du monde, se rappela bien vite, quand il fut roi des Français, qu'à quinze lieues de sa capitale, était un vieux monument presqu'abandonné quoique riche de traditions artistiques et de souvenirs nationaux.

Pour la première fois depuis son avénement au trône, ce prince arriva avec toute sa famille à Fontainebleau, le 1er juillet 1831. Le lendemain, après avoir passé en revue la garde nationale de l'arrondissement, rassemblée au nombre de près de 20,000 hommes, dans l'avenue de Maintenon, il rentra dans ses appartemens, fit appeler ses architectes et déployer les plans de cette résidence royale.

L'histoire fut consultée, les monumens furent étudiés, les âges refeuilletés; et, dès ce moment, l'architecte, le peintre, le sculpteur, eurent ordre d'achever ce que les siècles avaient laissé incomplet, et de réparer ce qu'ils avaient détruit ou effacé.

Le 21 septembre 1833, Louis-Philippe revint à Fontainebleau, accompagné de sa famille et suivi d'un cortége assez nombreux. Alors, malgré l'importance de ses travaux politiques et l'activité des fêtes qu'il offrit à la population, il voulut, avant d'ordonner la complète exécution de ses projets de reconstruction et d'embellissement, parcourir le palais en tous sens, en examiner les formes, le mouvement, et descendre dans les plus minutieux détails. Rien ne put échapper à son investigation.... peintures, dorures, écussons, chapiteaux, corniches, il n'y eut pas un fronton, pas un chiffre, pas un escalier, pas un corridor, dont le roi ne projetât le complément ou la réparation ; moins jaloux d'ajouter à la masse imposante de cet édifice que de l'embellir, d'en restaurer les ruines, et d'associer son nom à toutes les gloires qu'il rappelle.

C'est ainsi que, pendant une représentation de l'opéra du *Pré aux Clercs*, on vit S. M., parcourant des yeux le théâtre qui lui paraissait d'une dimension mesquine, s'occuper des moyens d'y réunir un plus grand nombre de spectateurs..... C'est au milieu d'un concert, que fut décidée la restauration de cette magnifique galerie de Henri II, sur les murs de laquelle mille bougies enflammées laissaient entrevoir à peine les imperceptibles vestiges de la palette du Primatice. Pour compléter l'ensemble de ces belles productions de la renaissance, les fresques de l'escalier du Roi, (ancienne chambre dite d'Alexandre), celles de la porte Dorée, ainsi que les belles décorations de la salle des Gardes, furent appelées à revivre, animées du coloris des âges dont elles portent le cachet, et des époques qu'elles représentent.

Enfin, de nouveaux moyens de circulation furent affectés à de nouveaux services ; un passage souterrain, pratiqué de la cour Ovale à celle des Cuisines et des Princes ; d'autres entrées, d'autres issues ouvertes ; et sans altérer en rien l'architecture ou la solidité des bâtimens, les communications déjà existantes furent rendues plus complètes et plus faciles.

Au mois de novembre de la même année, plus de cinq cents ouvriers étaient répartis sur la vaste surface de la royale habitation : le palais devint alors un véritable chantier, et le sol de ses cours fut livré à la pioche du terrassier.

De ce désordre surgirent, comme par enchantement, d'ingénieuses combinaisons, d'utiles travaux, que le roi Louis-Philippe vient incognito visiter, afin de stimuler le zèle des chefs, l'ardeur des ouvriers, et de constater la fidèle exécution de ses projets.

Aussi, après dix mois d'un travail incessant, commençaient à renaître, sous l'habile pinceau de MM. Alaux, Picot et Abel de Pujol, avec tout l'éclat de la composition et la fraîcheur du coloris, les belles peintures de la salle de Henri II, de la porte Dorée et de la chambre d'Alexandre, lorsque, le 23 septembre 1834, le roi des Français descendit dans cette même cour du Cheval-Blanc, humide encore des pleurs de nos héroïques phalanges, et passa en revue la garde nationale, ainsi que la troupe de ligne, rangées en bataille au pied du grand escalier.

Que les temps étaient changés! Vingt ans auparavant, à la même place, le deuil de la patrie! Aujourd'hui, un voyage, des fêtes dont la mémoire des habitans de Fontainebleau conservera le fidèle souvenir. Jamais, depuis les beaux jours de l'empire, le déplacement de la cour ne s'était montré avec autant de grandeur, de luxe, de dignité royale. Tous les ministres furent du voyage, et le roi, au milieu de son cortége, comptait les ambassadeurs des grandes puissances de l'Europe.

Quinze jours avaient à peine suffi pour les dispositions locales, tant le choix des personnages fut important, le nombre des invitations considérable, le matériel des intermèdes et des plaisirs varié!

Qui n'a lu, avec une espèce d'éblouissement, la description des fêtes, des cérémonies et des pompes des anciennes cours? Il y avait profusion, prodigalité, magnificence; mais la superstitieuse distinction des rangs y était scrupuleusement gardée; une seule classe de la société y était appelée.... aujourd'hui, rien de pareil..... Quoi de plus touchant, et en même temps de plus digne d'une nation libre, que cette fusion de hautes notabilités étrangères et françaises, d'artistes, de militaires, de magistrats, de simples citoyens, de modestes gardes nationaux prenant part à toutes les fêtes royales ! Elles se succédèrent, pendant huit jours, avec un ordre parfait et une libéralité de bon goût, que rehaussaient encore la simplicité des manières et l'absence d'une gênante étiquette.

Les premiers théâtres de Paris furent appelés à payer leur tribut à ces fêtes, qu'on pourrait appeler nationales. La comédie française y reparut, sous les traits de mademoiselle Mars, pleine de verve et de grace, comme aux beaux jours de Célimène... L'opéra comique et l'opéra français firent entendre leurs mélodies gracieuses, leurs chants légers et faciles... Plus savante, l'école italienne vint déployer sa parfaite exécution et sa large méthode ; les délicieux accens de ses premiers virtuoses excitèrent, pendant trois heures, une admiration que trahirent tour à tour les murmures et le silence du brillant auditoire.

Ce n'était pas tout encore : la galerie de Henri II fut en un clin-d'œil transformée en une salle de bal ; mais alors elle était bien loin d'être encore ce qu'elle est devenue depuis. Le plaisir, sans contrainte, étincelait sur tous les visages.... Ce fut une soirée délicieuse.

En circulant au milieu des groupes, le roi Louis-Philippe se recueillait avec bonheur, contemplait ce commencement de renaissance dont il avait eu la glorieuse pensée, et voyait fuir à regret les derniers instans marqués comme terme de cet intéressant voyage, consacré au culte des beaux-arts. En partant, il méditait encore, il ordonnait de nouvelles améliorations, d'autres embellissemens destinés à faire, de Fontainebleau, l'un des palais le plus remarquable de l'Europe.

Plus tard devait avoir lieu, dans ses murs, une cérémonie, dont le souvenir s'est profondément gravé dans les esprits et dans les cœurs. Le 4ᵉ régiment de Hussards, en garnison à Fontainebleau, sous les ordres du colonel F. de Brack, fut réuni dans la cour Ovale, le 24 octobre 1835, pour recevoir, des mains de monseigneur le duc d'Orléans, qui partait alors pour l'Afrique, et qui était accompagné de son frère, le duc de Nemours, des prix d'autant plus précieux, qu'ils étaient en partie donnés et distribués par les princes.

Après un discours, dans lequel le colonel a exposé, avec une éloquente simplicité, son système philosophique d'éducation militaire, son altesse royale monseigneur le duc d'Orléans a prononcé les paroles suivantes, qui ont excité le plus vif enthousiasme :

« C'est avec un grand plaisir, colonel, que je
« remettrai moi-même aux sous-officiers et aux
« soldats de votre régiment les prix dont vous les
« avez jugés dignes. J'ai été témoin d'une partie
« de leurs exercices ; il m'est bien agréable de
« pouvoir en témoigner toute ma satisfaction à

« leur chef; j'aime à redire ici publiquement
« combien j'apprécie leur aptitude, et les cons-
« tans efforts de MM. les officiers-professeurs
« pour diriger leur instruction.

« Vous avez pensé avec raison qu'un soldat
« dont on développe l'intelligence, n'en est que
« plus attaché à ses devoirs, plus dévoué à la
« patrie et au serment qui le lie à son drapeau.
« Je suis heureux de m'associer à cette pensée
« toute française ; et je vous félicite, colonel, des
« succès qui ont justifié votre attente. Perfec-
« tionner l'instruction du soldat est le plus sûr
« moyen d'assurer au pays de braves défenseurs,
« et de fidèles appuis à nos institutions et au
« roi. »

Environ dix-huit mois après, un événement de la plus haute importance, qui a eu le plus grand retentissement, et qui doit avoir pour la France les plus heureux résultats, se passait dans le palais de Fontainebleau. Cette résidence royale, dont les souvenirs sont si pleins, était destinée à en ajouter un de plus à sa vieille renommée. Là, dans ces murs, témoins de tant de faits historiques, devait avoir lieu, le 30 mai 1837, la cérémonie du mariage de l'héritier présomptif de la couronne de France, du prince royal Louis-Ferdinand de Bourbon, avec madame la princesse Hélène de Mecklembourg, sœur du grand-duc régnant de Mecklembourg Schwerin.

C'est ici qu'il faudrait une plume riche d'expression pour peindre les scènes touchantes qui ont marqué, à Fontainebleau, ces jours solennels, pour rappeler toutes les émotions qui y ont été éprouvées, le bonheur des jeunes époux, en même temps que celui de la famille royale, que partageaient leurs nombreux conviés. Mais, avant moi, un de nos plus spirituels écrivains, dont les descriptions sont toujours largement dessinées, a mis sous les yeux de la France, comme dans un panorama, les situations diverses et intéressantes qui ont signalé le séjour des hôtes illustres que Fontainebleau a possédés, depuis le 27 mai jusqu'au 4 juin 1837. Après lui, il ne me reste qu'à suivre la modeste voie que je me suis tracée, celle de narrer fidèlement les faits, et de raconter de mon mieux les choses dont j'ai été moi-même le témoin.

Et d'abord, qu'on me permette de dire quelques mots de la jeune princesse dont le nom vient d'être inscrit, en caractères ineffaçables, dans les annales de l'histoire de Fontainebleau.

Issue d'une des plus anciennes familles régnantes de l'Europe, alliée déjà à plusieurs maisons royales, la princesse Hélène réunit à ces avantages, ceux non moins précieux de l'esprit et de toutes les graces de son sexe. Elle a cultivé tous les arts, et parle quatre langues avec une égale facilité.

Accompagnée de la grande duchesse douairière de Mecklembourg, la jeune princesse, après avoir quitté, pour sa patrie adoptive, celle qui l'avait vue naître, arriva le 16 mai à Postdam, où le roi de Prusse lui fit le plus bienveillant et le plus brillant accueil. Le 25 du même mois, elle franchissait la frontière et mettait le pied sur le sol de France. MM. les ducs de Broglie et de Choiseul, le général Gourgaud, etc., avaient été envoyés à sa rencontre. Son voyage jusqu'à Fontainebleau fut une marche triomphale. Partout, les populations empressées accouraient sur son passage, et l'accompagnaient de leurs acclamations et de leurs vœux. Elle arrivait en France avec l'amnistie..............

Le duc d'Orléans alla au devant de sa noble fiancée jusqu'à Châlons-sur-Marne, et le 28 mai, lui fit sa première visite.

Dès le 27, le roi, toute la famille royale et leur maison s'étaient rendus à Fontainebleau. Le lundi 29, à sept heures moins quelques minutes du soir, la jeune princesse, attendue avec la plus vive impatience, arriva par la barrière de Melun, précédée de nombreux courriers et suivie d'un bruyant cortége. Elle était dans une magnifique voiture que traînaient huit chevaux. Les jeunes filles lui offrirent des vers et des fleurs. La voiture traversa au pas la ville pavoisée de drapeaux, et atteignit enfin la grande grille du château, où tous les cœurs battaient en voyant approcher cette jeune étrangère, qui venait chercher un père, une mère, des sœurs et un époux, auxquels elle était inconnue.

Le prince royal et son frère la reçurent au pied du grand escalier, couvert d'orangers, de riches uniformes et de brillans costumes. Elle en monta vivement les degrés, appuyée sur la main de monseigneur le duc de Nemours, empressée qu'elle était d'arriver jusqu'au roi, qui l'attendait au haut du perron, et qui avait franchi deux marches pour aller à sa rencontre. Elle voulut se jeter aux genoux de Sa Majesté, qui lui ouvrit les bras, l'y reçut, et l'y tint un moment pressée contre son cœur. Cette scène touchante s'accomplit au milieu d'un silence religieux. L'émotion du roi passa dans toutes les ames. En ce moment solennel les plus indifférens avaient compris, en voyant le roi, tout ce qu'il y a de véritable grandeur dans la bonté; des larmes s'échappèrent de tous les yeux. Des bras du roi, la princesse passa dans ceux de la reine, qui l'introduisit dans le vaste palais, où elle fut suivie par la foule des ambassadeurs, des ministres, des maréchaux de France, des pairs, des députés, des magistrats, et de toutes les notabilités conviées à ces noces royales. Ce jour-là, il y eut, dans la galerie de Diane, un dîner de 250 couverts.

Le lendemain était le jour fixé pour la célébration du mariage. A huit heures du soir, la famille royale, suivie du nombreux cortége de ses invités, se rendit dans la galerie de Henri II, toute resplendissante de l'éclat des bougies. Une large table ovale, couverte d'un tapis de velours vert à crépines d'or, était placée au milieu de la vaste salle. D'un côté, se rangèrent le roi des Français, le duc d'Orléans, le duc de Nemours, le prince de Joinville, le duc d'Aumale, le duc de Montpensier, la reine de France, la reine des Belges, la princesse Adélaïde, la princesse Hélène, la grande-duchesse de Mecklembourg, la princesse Marie, la princesse Clémentine; de l'autre côté, en face, les témoins désignés du mariage, MM. les présidens et vice-présidens de chacune des deux chambres législatives, MM. les maréchaux Soult, duc de Dalmatie, Gérard, grand-chancelier de la légion-d'honneur, de Lobau, commandant de la garde nationale parisienne, et M. le prince de Talleyrand.

Le mariage fut célébré (2) par M. le chancelier baron Pasquier, officier de l'état civil de la famille royale, pour la première fois revêtu de la simarre. La magnificence du lieu, le spectacle de ces quatorze personnes royales, debout, en silence, devant le représentant et l'organe de la Loi, la foule d'illustrations nationales groupées autour de lui, tout concourut à faire de cette scène l'une des plus imposantes qui se soit jamais offerte à l'œil de l'observateur.

Le mariage civil terminé par les paroles sacramentelles, par la signature des époux, celles de leur famille et des témoins, le cortége, conduit par le roi des Français, se mit en marche pour la grande chapelle, dite de la Sainte-Trinité. Là, en présence d'un grand concours de spectateurs placés dans les tribunes, la bénédiction nuptiale fut donnée par le vénérable M. Gallard, évêque de Meaux, assisté de M. l'évêque de Maroc et du clergé de la ville. Mais ici ne se terminait pas la cérémonie des épousailles : son altesse royale madame la duchesse d'Orléans professe la religion protestante. M. le pasteur Cuvier attendait les époux dans la galerie de Louis-Philippe, disposée, ce jour-là, en oratoire. Pour s'y rendre, le cortége est remonté dans la galerie de François Ier, qu'il a traversée, puis la salle des Gardes, puis il est descendu par l'escalier du Roi, où, vingt-quatre heures auparavant, des peintres, des doreurs, etc., mettaient la dernière main à la magnifique décoration que le roi des Français y a fait ajouter. Le respectable pasteur Cuvier attendait la famille royale, ayant pour assistans les seuls invités ; tout le monde a pris place sur les siéges préparés à cet effet ; des prières ont été récitées, une courte mais paternelle allocution a été adressée aux jeunes époux par le ministre évangélique, qui a mis le sceau à ce triple mariage, auquel se rattachent tant d'espérances, et dont les cérémonies commencées à huit heures, n'ont été terminées qu'à onze heures du soir.

Pendant que tout ceci se passait dans l'intérieur du palais, des scènes tout-à-fait différentes avaient lieu à l'extérieur. Dès le 27 mai, un camp avait été formé à *la Fourche*, entre la ville et la barrière de Paris. Il se composait de deux bataillons du 6ᵉ Léger, venus de Courbevoie, et d'une batterie arrivée de Vincennes. Depuis le règne de Louis XV, on n'avait pas vu de camp à Fontainebleau : l'idée de celui-ci appartient au roi Louis-Philippe ; il est dû à sa sollicitude pour les habitans de la ville, qu'il ne voulait pas gêner par les logemens militaires. C'est envers lui seul que la population doit être reconnaissante, non-seulement de cette marque d'intérêt, mais encore du spectacle qu'il lui a procuré pendant huit jours, et des scènes militaires qu'elle a eues sous les yeux, et dont elle conservera long-temps le souvenir.

Ni les fleurs, ni la poésie n'ont manqué aux noces royales de monseigneur le duc d'Orléans. Des pièces de vers composées à Fontainebleau, et adressées aux augustes époux, nous croyons devoir citer les deux fragmens qui suivent. Le premier est de M. Clovis Michaux, auteur du petit poème ayant pour titre : FONTAINEBLEAU, qu'on a lu en tête de ce volume.

Soyez la bien-venue, ô noble fiancée !
De l'héritier du trône embellissez les jours :
Son ame jeune et haute a compris la pensée
D'un règne à qui le ciel a promis un long cours.
Quel père offre à ses fils un plus digne modèle ?
On redouta César, on chérit Marc-Aurèle ;

Du sceau de la clémence il a sacré son front.
C'est le plus beau joyau dont brille sa couronne :
Honneur à qui triomphe ! Amour à qui pardonne !
Il a tout oublié : quels Français l'oublieront ?

Dieu vous donne à la Reine, et pour seconde mère
Il vous gardait de loin cet ange de bonté.
Ses lèvres ont touché plus d'une coupe amère
Au festin que la terre offre à la royauté :
De tant de mauvais jours ce beau jour la console ;
A son front le bonheur rend sa fraîche auréole ;
Il efface un passé disparu sans retour.
Ah ! chérissez la reine ! entourez-la, madame,
De tout l'amour pieux que Dieu mit dans votre ame,
Et le cœur des Français vous rendra cet amour.

Les strophes suivantes sont extraites d'une ode composée par M. Alexis Durand, menuisier à Fontainebleau, sa ville natale, membre de plusieurs sociétés littéraires, et auteur d'un poème remarquable en quatre chants, intitulé : LA FORÊT DE FONTAINEBLEAU [1].

Mais ce qui charmera notre foule attentive,
Ce n'est pas ton cortège éclatant sous l'acier,
Ni l'or de tes harnais, ni la fougue captive
    De ton bouillant coursier.

C'est la jeune étrangère à notre amour promise ;
C'est l'épouse qui vient se ranger sous tes lois ;

[1] Un volume in-8. — Fontainebleau, chez l'auteur.

C'est l'amante chérie, ame fière et soumise,
　　Femme et reine à la fois.

C'est cet ange de paix qui, sur nos doux rivages,
Vient avec le retour du printemps bien-aimé,
Comme une aube d'azur, après de longs orages,
　　Comme un souffle embaumé.

Oh! puisque son amour comble notre espérance,
De palmes et de fleurs parfumons les chemins,
Et nous déposerons le bonheur de la France
　　Entre ses belles mains.

Elle oubliera bientôt qu'elle fut étrangère;
Et, la voyant sourire au drapeau triomphant,
La France l'aimera comme une jeune mère
　　Aime son jeune enfant.

A l'occasion du mariage de son fils aîné, le roi Louis-Philippe avait fait vivement presser les travaux de restauration et d'embellissement dans le palais de Fontainebleau qui lui doit une seconde existence.

Le salon de Louis VIII, cet admirable boudoir couvert d'ornemens et de décorations, celui de François Ier si remarquable par son plafond original et sa cheminée d'une structure et d'une richesse sans pareilles, étaient devenus éclatans de jeunesse et de magnificence. La haute pensée qui, depuis 1833, préside aux destinées de cette demeure royale, apparaît encore ici tout entière. Ces deux belles pièces ont conservé leur caractère primitif, le type de leur époque ; aucune innovation n'y a été introduite : on n'a fait que restaurer et améliorer : rien n'a été omis, pas même ces S percés de traits sous la forme allégorique desquelles le bon Henri a fait rappeler, dans le salon de Louis XIII, la mémoire d'une femme qu'il avait éperdument aimée.

En même temps que les objets d'art reprenaient de la vie et que les grands appartemens reparaissaient plus brillans que jamais, le roi n'oubliait pas celui qu'il destinait aux nouveaux époux. Par ses ordres, la chambre nuptiale et les deux cabinets qui la précèdent furent recouverts de dorures; un riche ameublement y fut apporté, et rien ne fut ménagé pour donner à l'ancien appartement d'Anne et de Marie-Thérèse d'Autriche l'élégance et la richesse que commandait la circonstance.

Mais je m'arrête, réservant pour la partie descriptive le compte-rendu de ces différentes additions ou restaurations si bien ordonnées, si habilement exécutées ; et je termine l'analyse succincte des faits accomplis depuis 1830 par une considération que je ne crois pas hors de propos.

Si les travaux, qui depuis deux ans s'exécutent dans ce palais, que Napoléon semblait de loin préparer pour en faire le lit de repos de sa vieillesse, envisagés sous le point de vue des arts, doivent intéresser tout homme accessible aux idées du beau, ils doivent plaire aussi à l'ami de l'humanité; car ils assurent de l'emploi et du pain à cette po pulation pauvre de Fontainebleau, jetée sur un sol aride ou couvert de bois, et qui, dans une ville sans industrie, n'a d'autre ressource que son travail manuel. Aussi, cette classe laborieuse bénit-elle le prince restaurateur d'un monument national destiné à perpétuer, parmi tant de nobles souvenirs, celui de tous les efforts tentés par Louis-Philippe pour la gloire et le bonheur de cette France, qui, en 1830, lui décerna la plus belle couronne de l'Univers.

FONTAINEBLEAU.

DEUXIÈME PARTIE.

DESCRIPTION.

FONTAINEBLEAU.

I.

DE LA VILLE DE FONTAINEBLEAU.

Fontainebleau, aujourd'hui chef-lieu d'arrondissement du département de Seine-et-Marne, le siége d'un tribunal civil, d'une justice de paix, et dont la population s'élève à près de huit mille ames, fut qualifié de bourg jusqu'au moment de la révolution de 1793, époque où il fut élevé au rang des villes.

Sa population, très faible d'abord, ne commença à s'accroître que sous Henri IV. Le village d'Avon était la paroisse de Fontainebleau, qui, jusqu'en 1624, n'eut pas d'église. Ce ne fut que sous le règne de Louis XIII qu'on en construisit une, sous l'invocation de Saint-Louis. Elle fut bâtie par ordre de ce prince, et ne présente rien de remarquable, ni dans son architecture, ni dans sa décoration intérieure.

Il existe à Fontainebleau deux hospices ; l'un, celui de la *Charité*, fondé, en 1646, par Anne d'Autriche, femme de Louis XIII et mère de Louis XIV ; et l'autre, celui de la *Sainte-Famille*, que l'on nomme vulgairement la *Chambre* ou le *Mont-Pierreux*, par madame de Montespan, en 1696. Le premier est destiné aux malades, et le second est un refuge pour la vieillesse malheureuse et les enfans trouvés ; ces hospices sont soutenus par la ville et par les bienfaits publics, car les deux fondatrices avaient fait peu de frais pour en assurer l'existence.

On voit dans la chapelle du Mont-Pierreux un monument élevé à la mémoire de l'abbé Guénée, que ses disputes théologiques avec Voltaire ont fait sortir de la ligne des écrivains ordinaires du dix-huitième siècle.

La position topographique de Fontainebleau, le point que cette ville occupe au milieu d'une forêt, qui la borne de tous côtés comme une ceinture dont le rayon est de près de deux lieues, rendent son commerce presque nul. Il y a cependant deux foires bien suivies dans le courant de l'année : l'une, le lendemain de la Trinité; et l'autre, le 26 novembre. Il y a, en outre, deux marchés par semaine, qui sont assez bien approvisionnés. En 1831, on en a établi un pour les grains; il se tient le vendredi de chaque semaine, et tout fait présumer qu'il offrira une ressource de plus à cette ville déjà si intéressante.

On exploite, dans la forêt, des pavés extraits des roches et des collines de grès qui la sillonnent; ils sont transportés au port de Valvin, pour être expédiés ensuite à Paris. Là aussi sont amenés les bois façonnés, dont le commerce est assez considérable. Enfin, une production remarquable de Fontainebleau, c'est ce beau et délicieux chasselas, qui y attire pendant les mois d'automne une grande affluence d'amateurs.

Cette ville a produit peu de notabilités dans les sciences, les arts et la littérature : on en cite cependant quelques-unes, dont les noms sont historiques.

Dancourt, avocat, ensuite comédien, puis auteur comique, naquit à Fontainebleau, le 1er novembre 1661. Élevé par les Jésuites, sous le patronage du savant père Larue, il ne voulut point se ranger sous la bannière de cette savante société, qui se recrutait de toutes les capacités qu'elle pouvait attirer à elle. Il entra d'abord dans le barreau, et commençait à s'y distinguer, quand il fit la connaissance de la fille du comédien la Thorillière; il l'épousa et se fit acteur, puis devint auteur comique distingué. Laharpe lui accorde le troisième rang parmi les comiques français; Voltaire, plus généreux et au moins aussi bon juge, dit que : « Ce que Régnard était à l'égard de « Molière dans la haute comédie, Dancourt l'était « dans la farce. »

Fontainebleau a encore donné naissance à un auteur dramatique assez remarquable. *Poinsinet* y naquit en 1735; issu d'une famille attachée à la maison d'Orléans, il se trouva en position de faire des études, et se livra de bonne heure à la littérature. A un caractère extrêmement naïf, Poinsinet réunissait du talent; et quelques-unes de ses pièces, *le Cercle* entr'autres, contiennent des détails très-piquans. Mais il était d'une singulière ignorance sur les choses les plus communes, et d'une crédulité qui allait jusqu'à la niaiserie; aussi fut-il accablé de ridicules pendant tout le cours de sa vie. Entr'autres *mystifications* dont il fut l'objet (le mot a été inventé pour lui), celle-ci peut être racontée : « Des jeunes gens qu'il fréquentait s'amusèrent à lui faire croire qu'il pouvait être reçu membre de l'Académie de Pétersbourg; mais que, pour obtenir cette faveur de l'impératrice Catherine, il fallait qu'il apprît le russe. » Il se mit à l'étude avec une ardeur sans égale, et, trois mois après, il savait le bas-breton.

Poinsinet finit ses jours d'une manière tout-à-fait tragique, en Espagne, où il se noya en se baignant dans le Guadalquivir.

Lefèvre (Claude), peintre et graveur, naquit aussi à Fontainebleau en 1663 : il apprit son art en étudiant les grands maîtres du siècle de François I*er*, dans les galeries et les salles du Palais; il excella surtout dans les portraits, et saisissait avec un talent supérieur la ressemblance; il est mort à Londres en 1675.

L'un des plus savans et des plus rudes antagonistes de Voltaire, l'abbé Guénée, a passé les dernières années de sa vie dans cette ville. Il y a tranquillement vécu au milieu de l'orage révolutionnaire qui faisait explosion de toutes parts. Plusieurs personnes se rappellent encore qu'en 1796, à la cérémonie d'inauguration de l'école centrale, qui avait lieu au palais de Fontainebleau, dans la salle de Henri II, le satyrique abbé occupait la place d'honneur auprès de M. Prieur de la Comble, président de l'administration centrale de Seine-et-Marne. L'abbé Guénée est mort à l'âge de 86 ans, le 27 novembre 1803. Tout le monde se plaisait à rendre justice à la modestie et à la simplicité de ses mœurs; mais on lui a toujours reproché d'avoir fait de son frère, avec lequel il vivait, le cuisinier et le domestique de sa maison. Celui-ci, qui n'avait reçu aucune éducation, est mort lui-même le 3 février 1812, âgé de 93 ans.

Fontainebleau est bien bâti, surtout dans la partie moderne de cette ville. Plusieurs rues sont larges et bien alignées; et on remarque surtout celles où aboutissent les grandes routes de Paris et de Melun. A l'une des extrémités de la ville, au milieu du carrefour où commencent les routes de Montargis, d'Orléans et de Sens, on voit un Obélisque construit sous Louis XVI, et sur la base duquel étaient inscrits les noms des enfans de ce monarque, avec la date de leur naissance.

II.

EXTÉRIEUR DU PALAIS.

Il y a bien long-temps qu'on a dit pour la première fois de la ville de Gênes, qu'elle ressemblait à un *magasin de palais*, placé sur le bord de la mer, sans ordre ni symétrie : cette observation peut s'appliquer au Palais de Fontainebleau, suivant la remarque d'un Anglais qui disait avec le flegme britannique :

« *Ce palais est vraiment un rendez-vous de châ-*
« *teaux.* »

En effet, son extérieur présente une masse plus majestueuse qu'élégante, et plus remarquable par ses immenses constructions décousues que par son harmonie ; aussi le cardinal Bentivoglio écrivait-il, en 1624, au cavalier Marini :

« J'ai été une fois à Fontainebleau, et demain
« j'y retournerai ; c'est en vérité une magnifique
« maison et digne d'un tel roi ; et, quoique ce
« soient plusieurs bâtimens joints les uns aux
« autres dans divers temps, sans aucun ordre ni
« symétrie, cette confusion néanmoins a un air
« de grandeur et de majesté qui surprend agréa-
« blement. »

On retrouve à Fontainebleau l'empreinte des trois grandes transformations que l'art a subies en Europe depuis la fondation du christianisme, c'est-à-dire l'empreinte des époques gothiques, de la renaissance et des temps modernes.

Le gothique n'y apparaît à bien dire que par souvenir ; on en aperçoit seulement comme la lueur réfléchie, dans la forme de quelques fenêtres et dans quelques entablements : les Salamandres aussi, que François 1er s'était personnellement appropriées, mais qui nous ont été transmises de l'époque plus reculée où les monstres, inventés par l'imagination, entraient comme ornement principal dans l'ordonnance des édifices, attestent encore, sur les murs de plusieurs parties du palais, les mystérieuses croyances de nos pères.

L'empreinte de la renaissance est beaucoup plus apparente. Les colonnes, surmontées de chapiteaux composites, de diverses formes, que l'on voit dans l'une des cours du palais (la cour Ovale), l'architecture assez correcte de quelques imitations monumentales des anciens, et des sculptures bien conservées, que l'on croit être de Jean Goujon, rappellent ces temps célèbres où la grande rénovation du génie européen se manifesta par un revirement complet vers l'étude de l'antiquité. Tel est, en effet, le caractère distinctif de la renaissance : rétroaction dans la science d'abord, puis dans l'art, et par suite révolution complète dans les idées et dans les mœurs; c'est ce grand changement qui semble vivre dans une partie de l'architecture du palais de Fontainebleau. Toutes les œuvres de l'époque de François Ier, qui contribua pour beaucoup à son embellissement, attestent que ce prince comprit au moins le temps où il vivait, dans tout ce qui se rapporte au mouvement de l'art; c'est une gloire qui peut, aux yeux de la postérité, contre-balancer un peu ses luttes étranges contre le développement de la liberté religieuse.

Considérons maintenant le palais dans toutes ses parties, et occupons-nous à en décrire succinctement les points les plus remarquables.

Il comprend quatre grandes cours principales,

communiquant toutes les unes avec les autres par des entrées pratiquées dans les différens bâtimens qui les entourent. La première cour, du moins la plus grande et sans contredit la plus imposante, est celle appelée *cour du Cheval-Blanc*; ce nom lui vient d'une statue équestre en plâtre, placée autrefois dans le centre, et qui avait été moulée sur le cheval de Marc Aurèle, à Rome, par les soins du célèbre Vignolles. C'est Catherine de Médicis, régente du Royaume pendant la minorité de Charles ix, qui fit élever cette statue sous un dôme : détruite en grande partie par les injures du temps, elle fut enlevée en 1626.

La cour du Cheval-Blanc est située à l'ouest du palais; c'est celle que les voyageurs allant à Lyon, ou en arrivant, aperçoivent tout d'abord.

Une très-belle grille en fer, surmontée de piques dorées; puis, à travers cette grille, un espace dessiné en carré presque parfait, vaste et bien pavé ; enfin, un large entourage de constructions la plupart très-remarquables : tel est le spectacle qui frappe à la première vue.

Au fond de cette cour immense se déroule avec grandeur un escalier de pierre, bâti par Lemercier, sous le roi Louis xiii, qui y dépensa, dit-on, cent mille écus : cet escalier conduit dans les appartemens royaux; c'est l'un des morceaux d'architecture les plus majestueux du palais; il s'harmonise fort bien avec la vaste cour qui le renferme, et ne contribue pas peu à la grandir¹. Là, sur ce grand théâtre, si bien préparé pour de grands spectacles, se passa l'une des plus belles scènes que l'histoire racontera à la postérité. C'est au milieu de cette cour que Napoléon en 1814, après avoir signé son abdication:

.... « Détrôné, mais debout
« Sur les débris de sa fortune, »

suivant l'expression d'un poète, se présenta devant la Vieille-Garde, sa fidèle compagne, pour lui faire ses adieux. Nous avons cité plus haut les paroles mémorables qu'il prononça dans cette grande circonstance : contentons-nous de rappeler ici ce noble et touchant souvenir, et de mentionner pour mémoire un lieu que nos descendans viendront sans doute visiter avec vénération.

De la cour du Cheval-Blanc on passe à la *cour*

---

¹ On lit l'inscription suivante sur le fronton du bâtiment qui s'élève au-dessus de l'escalier du Fer-à-Cheval :

D. Opt. M.
Charolus nonus
Dei Gra.
Francorum rex
Ann. DNI
MDLXV.

de la Fontaine. Celle-ci, quoique moins vaste, est d'un style plus élevé et d'un aspect fort remarquable. Les constructions qui l'entourent sont bâties avec plus d'art et d'élégance que celles qui entourent la cour du Cheval-Blanc ; on attribue une partie de ces constructions au savant *Serlio*, architecte italien. Elles rappellent effectivement quelques-uns des beaux palais de l'Italie.

Cette cour tire son nom de la Fontaine que l'on y voit, et au-dessus de laquelle on remarque une belle statue d'Ulysse en marbre blanc, ouvrage du sculpteur *Petitot*. Mais, ce qui fait de la situation de cette cour, l'une des plus remarquables du palais, c'est que de là on découvre l'étang avec son pavillon au centre, construit sous François Ier, et une partie du jardin anglais, dont les arbres se réfléchissent au bord des eaux, et offrent à l'œil un point de vue plein de charme et de fraîcheur.

En sortant de la cour de la Fontaine, on arrive par les voûtes de la Comédie et de la porte Dorée à celle dite vulgairement *Ovale*. On pense que son nom lui vient de la forme demi-circulaire qu'elle a conservée jusqu'à nos jours. Elle est la plus ancienne et en quelque sorte le noyau du palais. Elle fut très célèbre autrefois sous le nom de *cour du Donjon*, à cause, dit le père Dan, historiographe de Fontainebleau, des fossés qui l'entouraient et en faisaient comme une forteresse. On aperçoit encore aujourd'hui des traces d'anciennes tourelles, et dans quelques fenêtres de ces vieux bâtimens on retrouvera les vestiges du style gothique dont il a été question plus haut.

Dans le vaste cintre de cette cour, on remarquera d'abord la décoration de la porte de l'escalier de François Ier, qui se compose d'un cadre en gresserie avec ornemens, s'appuyant d'un côté sur une Minerve et de l'autre sur une Junon. Puis, une ancienne colonnade d'un assez grand effet, qui remonte au temps de Henri iv, comme l'indiquent la variété des chapiteaux et le caractère de la sculpture : cette époque est celle qui a succédé à l'époque proprement dite de la renaissance; et, bien qu'elle ne lui soit comparable en aucune manière, elle en offre, toutefois, dans ces monumens qui nous restent, un dernier mais bien faible reflet. Un balcon règne sur cette colonnade demi-circulaire.

La cour Ovale présente encore à l'admiration des artistes un beau portique surmonté d'une loge tenant à cette galerie semi-circulaire, et donnant entrée aux appartemens de la reine.

Quoique ce portique, qu'on dit être l'œuvre de Serlio, présente des irrégularités que l'état des lieux aura évidemment nécessitées, l'architecture, qui appartient à l'époque de François Ier, en est généralement remarquable, par la correction et le bon goût. Une grande partie des sculptures de ce joli monument étaient ruinées par les injures du temps. Le roi Louis-Philippe les a fait restaurer et remettre à neuf au moyen d'un procédé nouveau, le mastic de Molême, dont on espère d'heureux résultats.

Enfin, nous devons mentionner par-dessus tout, le pavillon de l'entrée principale. Ce pavillon fut construit par le roi Henri IV pour le baptême de son fils Louis XIII ; on admire la délicatesse de la sculpture et la grâce des ornemens qui décorent cet élégant morceau d'architecture. Du côté de la cour Ovale, on voit deux bustes en marbre, copiés de l'antique, représentant l'un Caracalla et l'autre Démosthènes. Les modèles originaux de ces deux bustes se trouvent, dit-on, à Naples.

Cette manière de porte triomphale conduit à la dernière cour, nommée *cour des Offices* ou *des Cuisines*; elle est vaste, bien aérée et bien bâtie, mais ne présente aucune particularité notable, si ce n'est deux têtes de Mercure en grès, d'une bonne exécution, placées sur les pilastres en gresserie qui soutiennent la grille fermant la cour de ce côté-là.

La porte d'entrée sur la place d'Armes, construite d'après les dessins de l'architecte Jamin, est recommandable par le style élevé de son architecture, qui se rapporte à l'époque de Henri IV; on lit sur la façade principale cette inscription latine :

« *Henricus quartus, Franciæ et Navarræ rex*
« *christianissimus, bellator fortissimus, victor cle-*

« *mentissimus, rebus ad majestatis et publicæ salu-*
« *tis firmamentum compositis, hanc regiam auspi-*
« *catò restauravit, immensùm auxit, magnificen-*
« *tiùs exornavit anno MDCIX.* »

— « Henri IV, roi très chrétien de France et
« de Navarre, le plus courageux des guerriers,
« le plus généreux des vainqueurs, après avoir
« affermi son trône et consolidé l'état social en
« France, restaura sous d'heureux auspices ce
« palais, l'augmenta considérablement et l'orna
« avec la plus grande magnificence l'an 1609. »

Pour ne pas dépasser les bornes que nous nous sommes tracées, nous terminerons ici la description extérieure du palais. Si maintenant nous ajoutons que les constructions originales qu'il renferme sont encore relevées par des jardins et un parc délicieux qui en dépendent, si nous remarquons que la belle forêt qui se développe à l'entour, et qui semble une continuation des jardins, agrandit encore l'apparence du palais, déjà si imposante par elle-même, on comprendra l'empressement des étrangers à visiter ce lieu, qui inspire à tant de titres l'intérêt des curieux. En nul autre endroit de la France, peut-être, la nature et le travail des hommes n'ont offert un ensemble aussi digne de cet intérêt :

III.

INTÉRIEUR DU PALAIS.

—

Il y avait autrefois dans le palais six galeries.

1.° La *galerie de François* Ier, construite et décorée sous le règne de ce prince; elle existe encore avec les mêmes peintures et à peu près les mêmes ornemens.

2.° La *galerie d'Ulysse*, qui était de la même époque, fut embellie par Henri II, Charles IX et Henri IV. Elle avait soixante-seize toises de long sur trois de large, et était ornée de cinquante-huit tableaux représentant les travaux d'Ulysse après la guerre de Troie; ils avaient été peints à fresque par le Primatice et Nicolo, son disciple et son ami.

La voûte était composée de quatorze compartimens de stuc formant berceau à plein cintre, dans lesquels étaient distribués divers tableaux dont les sujets, en grande partie tirés de la fable, étaient aussi l'ouvrage de Primatice et de Nicolo; le tout était entremêlé d'arabesques, de camaïeux et d'ornemens en or et en couleurs diverses. Pour le malheur des arts, cette galerie, d'une magnificence sans pareille, a été détruite; elle a fait place à de vastes appartemens au rez-de-chaussée et au premier étage. Ces appartemens ont été décorés et meublés dans le goût moderne, sous l'empire, par les sœurs de Napoléon.

3.º La *galerie des Chevreuils*, qui était située entre la chapelle de la Sainte-Trinité et l'Orangerie. Construite et ornée sous Henri IV, en même temps que la galerie des Cerfs, dont nous allons parler, elle a été détruite entièrement par le temps et n'offrait plus que l'aspect d'une ruine, où l'on apercevait encore quelques fresques qui donnaient une idée de ce qu'elle fut autrefois : elle vient d'être entièrement rasée. On retrouvera dans les cintres des croisées et des portes de deux corps-de-garde, tout récemment construits à la descente du Parterre, par la cour des Cuisines, quelques restes assez bien conservés de l'architecture extérieure de cette galerie; ce sont les clefs des archivoltes dont la sculpture, quoique froissée en plusieurs endroits, est encore très belle et d'un bon effet.

4.° La *galerie des Cerfs*, qui était au rez-de-chaussée sous celle de Diane. Elle avait près de trente-huit toises de long sur trois et demie de largeur ; c'est là que Henri IV avait fait disposer avec symétrie, une quantité considérable des plus grands bois de cerfs, placés sur des massacres en plâtre, ornés de feuillages et du chiffre de ce prince en lettres dorées.

Dans treize tableaux, peints à l'huile sur plâtre par Dubreuil, étaient représentés, à vue d'oiseau, les plans de quelques maisons royales, telles que Fontainebleau, Compiègne, Villers-Cotterets, Blois, Amboise où Louis XI institua, en 1569, l'ordre de Saint-Michel, Chambord que François Ier aimait tant et où il écrivit un jour avec un diamant sur un carreau de vitre ces deux vers :

        Souvent femme varie ;
        Est bien fol qui s'y fie.

Saint-Germain-en-Laye, Vincennes, les Tuileries, le Louvre, avec toutes leurs dépendances, parcs, jardins et forêts. La galerie des Cerfs, où a été assassiné d'une manière si affreuse l'écuyer de la reine de Suède, Monaldeschi, a, elle aussi, disparu sous Louis XV, et a été remplacée par des appartemens ayant vue sur le jardin du Roi.

5.º La *galerie de Diane*, construite et ornée sous Henri-le-Grand, a été restaurée par Louis XVIII, qui trouva les travaux de maçonnerie et de charpente terminés.

6.º La *salle de Bal*, appelée aussi *salle des Cent-Suisses*, et *galerie de Henri* II, parce qu'elle a été décorée et ornée sous le règne de ce prince, comme on le voit par les emblêmes qui y sont conservés. C'est de là que nous partirons pour commencer la description intérieure du palais.

SALLE DE BAL OU GALERIE DE HENRI II.

Cette salle a été construite sous François 1er, ainsi que l'indiquent les Salamandres, dont on voit encore l'empreinte sur l'architecture extérieure. Sa gracieuse situation, sa belle vue sur le parterre et la forêt, les peintures à fresque qui la décorent la rendent l'une des pièces les plus remarquables du palais et de tous les palais du monde : cinq grandes croisées, au midi, parallèles à cinq autres, au nord, l'éclairent parfaitement : sa longueur est de quinze toises sur une largeur de cinq en dehors des arcades formant l'encadrement des croisées qui ont été posées sous l'empire dont elles portent le cachet.

DESCRIPTION.

Celui qui à la fin de 1833 aurait visité la galerie de Henri II, et la reverrait seulement aujourd'hui, serait saisi d'étonnement et d'admiration ; il aurait assurément peine à en croire ses yeux. C'est qu'à cette époque elle ressemblait à une de ces vieilles ruines qui n'ont rien de beau que les souvenirs qu'elles rappellent. Le plafond, si remarquable et si riche en même temps, était sur le point de s'écrouler, et menaçait d'écraser, sous les décombres de sa masse imposante, ses curieux admirateurs. Les lambris étaient vermoulus. Cette belle cheminée, dont l'élégance est au-dessus de tout ce qu'on peut voir en ce genre, avait perdu toute sa magificence, tout son éclat ; ce n'était plus qu'un squelette dont la stature rappelait une de ces existences fortes et vigoureuses des temps anciens. Mais tout cela n'était rien encore : les fresques qui se déroulent dans cette vaste enceinte ; ces peintures, ouvrage du célèbre Primatrice et de Nicolo, son élève et son ami ; ces tableaux, expression d'idées si bizarres, si bien frappés au coin du style de la renaissance, étaient presqu'entièrement effacés ; dans plus de la moitié de la pièce, il n'en restait aucune trace ; dans l'autre partie, l'œil saisissait à peine quelques traits, quelques membres épars, quelques vestiges de trophées; et ces murs, aujourd'hui si brillans d'une nouvelle jeunesse, ressemblaient à ces champs de bataille que l'on visite avec recueillement, sur lesquels on ne retrouve plus que des débris d'armures ou quelques restes mortels, tristes images des désastres de la guerre.

Entreprendre de faire revivre ces ouvrages d'une conception gigantesque, était l'œuvre d'une haute intelligence. Le roi Louis-Philippe l'a entrepris, et la postérité lui en tiendra compte : c'est lui qui aura rendu à la France le livre historique le plus remarquable du seizième siècle, et le monument qui en fait connaître le mieux l'esprit et le caractère. Scrupuleux conservateur de tout ce qui existait, il n'a pas permis la moindre innovation; il a ordonné que toutes les peintures fussent ou restaurées ou refaites telles qu'elles étaient autrefois. Autant cette idée était grande et pleine de sens, autant la tâche était difficile. Ce travail, confié à la fin de 1833 à M. Alaux, ne fut commencé qu'en 1834.

Aujourd'hui qu'il est entièrement terminé et qu'on peut en juger l'effet, on doit dire à la louange de l'artiste, qu'il a rempli complètement sa mission, et que, sans être créateur, il aura honorablement inscrit son nom à côté de celui du peintre dont la science fut si bien appréciée de François Ier et de Henri II.

Des difficultés sans nombre ont dû être surmontées; il fallait recréer les peintures qui avaient disparu dans plus de la moitié de la salle, car dans beaucoup d'endroits l'enduit ou le mortier était tombé, le grès restait à nu. Dans les autres parties, les fresques présentaient l'aspect de ces vieilles tapisseries rongées par les vers et presqu'entièrement décolorées par le temps. Toutes ces difficultés, M. Alaux les a vaincues. Au moyen d'estampes ou de copies, et de descriptions bien étudiées, les peintures de la salle de Henri II ont reparu avec le même caractère, les mêmes nuances, le même coloris qu'elles eurent dans leur origine; et si le Primatice revenait parmi nous, il ne les désavouerait assurément pas.

La peinture à fresque se fait, comme chacun sait, sur un enduit frais composé de chaux et de sable. Les couleurs y sont appliquées immédiatement et acquièrent, en séchant avec cet enduit, une solidité qui les rend inaltérables. Ces observations ont été faites en Italie, cette contrée de la belle peinture, cette terre classique si riche en monumens qui rappellent les beaux jours des arts et de la poésie. A Fontainebleau, les peintures à fresque n'ont pas eu jusqu'à présent une longue durée. Quelle en est la cause? Nous ne sommes pas aptes à la juger, et nous laissons aux hommes de l'art le soin de la rechercher; c'est leur affaire. Mais ce qu'il y a de certain, ce qui ne peut être révoqué en doute, c'est que sous Henri IV déjà, il fallut restaurer une grande partie des tableaux de la galerie de Henri II. Cette restauration mal conçue et plus mal exécutée encore, n'a pas réussi comme on aura pu aisément le vérifier.

Instruit par cette première expérience dont il s'était rendu compte, M. Alaux résolut d'adopter un mode de restauration qui, sans ôter à la fresque le ton blond et transparent qui lui est propre, a permis de marier les peintures nouvelles avec celles qui, n'étant que ternies, ont reparu sous les réchauds de l'ouvrier. Ce mode, c'est le procédé à l'encaustique, connu des anciens, employé par eux et exhumé des cendres de Pompéï et d'Herculanum par un ami des beaux-arts, M. Paillot de Montabert, qui a consigné le fruit de ses travaux dans un livre rempli de recherches aussi ingénieuses que savantes.

D'après les documens fournis par cet habile observateur, et les préparations faites avec succès par M. Vivet, M. Alaux a employé ce procédé; il a parfaitement réussi. Quelques couches de cire étendues sur toute la surface des tableaux (y compris l'enduit neuf), chauffées ensuite au moyen de réchauds établis exprès, ont eu pour résultat de faire ressortir les parties décolorées; et la cire, mélangée avec les couleurs, n'a pas peu contribué en même temps à donner une uniformité parfaite à tout cet ensemble, et à laisser aux peintures anciennes et nouvelles le caractère et le ton de la véritable fresque.

Ce même procédé a été appliqué par M. Picot à la porte Dorée, et par M. Abel de Pujol à l'escalier du Roi; il aura, sans aucun doute, l'inappréciable avantage de conserver au palais les belles productions de la renaissance, en même temps qu'il offre à l'œil du connaisseur une nuance de coloris plus nette et plus pure que celle produite par l'emploi de l'huile dans la peinture ordinaire.

Huit grands tableaux représentant diverses fictions poétiques, remplissent les dessus des trémeaux, et se lient ensemble par des cartouches ornés des chiffres de Henri II et de Diane de Valentinois, que supportent des enfans.

La description suivante est en grande partie extraite du père Dan, le plus ancien des historiographes de Fontainebleau.

Le premier tableau, en entrant à droite, représente l'été sous la figure de Cérès, avec quelques moissonneurs.

Dans le deuxième tableau, Vulcain forgeant des traits pour l'amour, par ordre de Vénus.

Au troisième, le soleil, accompagné des quatre saisons et des heures, sous des figures de femmes, parcourt le zodiaque. Phaéton, à ses pieds, le supplie de lui donner son char à conduire.

On voit, dans le quatrième, la cabane de Philémon et Baucis changée en temple, pour les récompenser d'avoir donné l'hospitalité à Jupiter et à Mercure sous des figures humaines, et les habitans de Phrygie submergés pour avoir repoussé ces dieux voyageurs.

Vis-à-vis de ce tableau, du côté de la cour Ovale, est le festin des noces de Thétis et de Pélée, où la Discorde, pour se venger de n'avoir point été invitée, sème la division par une pomme d'or qu'elle jette sur la table, pendant que les dieux et les déesses sont occupés du petit Momus, leur bouffon, qui les divertit.

Le sixième représente une récréation des dieux, devant lesquels dansent les trois Grâces.

Le Parnasse, ou Apollon et les neuf Muses, avec leurs attributs, font le sujet du septième.

Le huitième est une représentation des effets du vin, sous la figure de Bacchus au milieu de sa cour, composée de satyres, de lions et de léopards.

Les voûtes ou arcades des croisées sont aussi ornées de plusieurs tableaux à fresque, peints par les mêmes maîtres.

A la première croisée, en entrant à gauche, sont représentés :

1° Neptune, dieu de la mer. 2° Bacchus, dieu de la vigne, avec des enfans qui portent des fruits. 3° Un amour qui joue dans l'air. 4° Bacchus avec des naïades. 5° Thétis, déesse de la mer.

Deuxième croisée. 1° Jupiter, couché, tenant

sa foudre en main. 2° Deux nautoniers au repos. 3° Mars, dieu de la guerre. 4° Un vieillard assis avec un jeune homme. 5° Junon, épouse de Jupiter.

Troisième croisée. 1° Le dieu Pan. 2° Comus, dieu des danses et des festins nocturnes, tenant un flambeau en main. 3° L'Abondance. 4° Esculape, dieu de la médecine, ayant sous ses pieds une baguette entourée d'un serpent. 5° Cérès, couronnée d'épis et tenant une corne d'abondance.

Quatrième croisée. 1° Hercule, couché. 2° Caron, ayant à ses pieds Cerbère, chien à trois têtes, qui garde les enfers. 3° Le sommeil, sous la figure d'un vieillard endormi. 4° Saturne, dieu du temps et de l'astronomie. 5° Déjanire, femme d'Hercule, tenant dans ses mains la tunique empoisonnée qui causa la mort de ce héros.

Cinquième croisée. 1° Adonis, au repos de chasse. 2° Deux vieillards assis tenant conseil. 3° Un amour qui joue dans l'air. 4° La Vigilance, sous l'emblème d'un coq, aux pieds d'une dormeuse. 5° Minerve.

Sixième croisée du côté du jardin. 1° Vénus, déesse des grâces et des plaisirs, et Cupidon, dieu de l'amour. 2° Narcisse, s'admirant dans une fontaine. 3° Enlèvement de Ganimède par Jupiter, changé en aigle. 4° Bellone, déesse de la guerre. 5° Mars endormi.

Septième croisée. 1° Une naïade, qui joue dans l'eau. 2° Amphion, fils de Jupiter et mari de

Niobé, dont Apollon et Diane tuèrent les enfans. La Fable dit qu'il bâtit les murs de Thèbes avec les accords de sa lyre, et que les pierres, touchées de son harmonie, se rangeaient d'elles-mêmes. 3° Vulcain, tenant un filet ou rets, symbole de la surprise. 4° L'Assurance, sous l'emblême d'un jeune homme et d'un vieillard couchés sur une lionne. 5° Neptune assis sur un dauphin.

Huitième croisée. 1° Hébé, déesse de la jeunesse, ayant une coupe en main et plusieurs vases pour servir à boire aux dieux. 2° La Résolution, sous l'emblême de deux vieillards assis, qui viennent de prendre un parti. 3° Janus, roi d'Italie, tenant un flambeau en main. 4° Des nymphes et des naïades. 5° Bacchus, au milieu de vases et de corbeilles de raisins.

Neuvième croisée. 1° Cybèle, femme de Saturne, représentant la Terre sous la figure d'une d'une femme ayant sur la tête un château fort. 2° Mars et Vénus. 3° Hyménée, dieu des noces, un flambeau en main. 4° Cupidon et un amour, dormant près d'une nymphe désolée. 5° Saturne, endormi.

Dixième croisée. 1° Flore, déesse des fleurs. 2° Morphée, dieu des songes, ayant près de lui le sommeil couché au milieu de pavots. 3° Jupiter sur son trône. 4° L'hiver, sous la figure de deux vieillards tenant à la main des vases de feu. 5° Vulcain, forgeron des dieux, couché près de son fourneau.

Le tableau qui est à droite de la cheminée représente, dit-on, François 1er tuant un sanglier qui causait de grands dégâts dans les campagnes environnant la forêt. Au-dessous est une Diane. Dans le tableau à gauche, on voit un gentilhomme qui, condamné à mort et espérant ou sauver sa vie, ou la finir plus honorablement, a obtenu de combattre un loup-cervier qui, ayant choisi la forêt de Fontainebleau pour retraite, parcourait en plein jour les campagnes voisines, et avait déjà dévoré un grand nombre de personnes. Ce courageux gentilhomme fut vainqueur et obtint sa grace; au-dessous de ce tableau est une Diane au repos. C'est, assure-t-on, le portrait de Diane de Poitiers.

Dans le fond de la salle, au-dessus de la tribune, qui est en menuiserie à parquets dorés, chargée des mêmes armes que le plafond, un grand tableau, peint aussi à fresque, représente un concert composé de tous les instrumens de musique connus dans ce temps-là; près de l'orchestre, des nymphes dansent en rond avec un amour.

La cheminée de la salle de Henri II est tout-à-fait en harmonie avec le reste de sa décoration. Le milieu, d'ordre ionique, est orné d'un grand cartouche rempli des armes de France entourées de festons, de guirlandes de fleurs et surmontées d'un croissant, chiffre de Henri II, son fondateur. Dans l'ordre dorique sont des croissans, des palmes, des branches de laurier et autres attributs couverts de dorures au milieu de couleurs variées. Des satyres de bronze, de huit pieds de haut, chargés de corbeilles de fruits du même métal, supportaient autrefois cette vaste cheminée. En 1793, ils furent enlevés pour être convertis en armes de guerre, ou en monnaie de billon ; sous l'empire, ils ont été remplacés par les deux colonnes cannelées en stuc, que nous voyons aujourdhui. Cette cheminée est l'ouvrage du sculpteur Guillaume Rondelet, qui, sous les ordres du célèbre Philibert Delorme, surintendant des bâtimens de François Ier et de Henri II, acquit une réputation méritée.

Le plafond est composé de vingt-sept caissons octogones, concaves, dans lesquels sont, en relief sur fond d'argent et d'or, aux uns les chiffres de Henri II, aux autres des rosaces et croissans entrelacés, et deux grands cartouches sur lesquels on lit cette inscription : *donec totum impleat orbem*. La tribune est tout-à-fait en rapport avec le plafond ; il en est de même du lambris qu'on a été forcé de rétablir à neuf et au-dessus duquel sont, dans des cadres de stuc, des trophées d'armes peints à fresque, se mariant avec les peintures qui les surmontent. Enfin, un parquet en marqueterie de bois indigènes de diverses nuances a achevé de faire de la salle de Henri II l'une des plus belles qu'on puisse voir en Europe, et d'autant plus intéressante qu'elle a conservé le caractère de l'époque de sa construction et le cachet des artistes qui ont travaillé à la décorer et à l'embellir.

SALLE D'ATTENTE, ou DE LOUIS-PHILIPPE.

Il n'y a pas encore deux ans que, sous la partie gauche de la cour Ovale, dans une pierre de grès formant saillie, au-dessous d'une porte vitrée établie dans une des baies du rez-de-chaussée, on lisait le mot *Conciergerie*, écrit en gros caractères. C'était-là qu'habitait celui à qui la conservation du palais et le soin important de son entretien sont confiés.

Dans la vaste enceinte d'une salle bâtie sous François Ier, et destinée alors à l'établissement d'un musée de statues, moulées d'après l'antique, des appartemens d'une forme et d'un arrangement bizarres avaient été disposés, sous Louis XIV, pour loger la maison du Dauphin, et sous l'empire étaient devenus la demeure du concierge.

Voulant, autant que possible, remettre le palais de Fontainebleau dans son état primitif, le roi Louis-Philippe porta plus particulièrement ses regards sur cette partie centrale de la royale demeure, et décida la destruction de chambres informes, sombres et de mauvais goût.

Primitivement cette vaste pièce située au-dessous de la salle de Henri II, avait beaucoup de ressemblance avec elle, quant à la dimension et à la disposition architecturale. Sa longueur était de quatre-vingt-huit pieds, et sa largeur de trente, en dehors des baies et arcades, qui sont au nombre de cinq dans chaque partie latérale, avec chacune une grande croisée ; mais la hauteur qui est de treize pieds, n'était nullement en rapport avec le reste. Cette disproportion la faisait paraître écrasée, et tout-à-fait de mauvais goût ; voilà ce qui justifie pleinement l'oubli dans lequel elle était restée au milieu des riches salons qui attestent la magnificence de nos rois.

Les plans de cet immense et riche bâtiment, ainsi que leur *mise* à exécution, étaient l'ouvrage d'un modeste architecte français dont le nom n'est pas venu jusqu'à nous ; et bien que la mordante critique du savant italien Serlio ait déversé sur lui le blâme le plus prononcé et l'ait attaqué par la plus piquante ironie, en lui donnant le titre de *maçon*, il n'en est pas moins vrai qu'au jugement des hommes de l'art, c'est un ouvrage admirable et qui fait regretter le nom de son auteur.

Remarquable par la sévérité de son architecture, la nouvelle salle que nous décrivons est ornée de huit colonnes sur chaque face latérale, et de quatre à chaque extrémité. Elle tire ses jours seulement du côté du parterre, par cinq croisées pratiquées dans les baies dont nous avons parlé plus haut. Quatre entrées y donnent accès : la principale est en face de la cheminée et conduit à la porte Dorée, les trois autres ont leur issue sur le couloir et correspondent à des portes vitrées qui viennent d'être ouvertes sur la cour Ovale.

Les ornemens de la salle Louis-Philippe sont dans le style de la renaissance. Des colonnes d'ordre dorique, accouplées, reposant sur des soubassemens en forme de piédestaux soutiennent des soffites d'une élégance recherchée. Cette décoration, qui fait le plus bel effet, a été en quelque sorte motivée par la nécessité d'appuyer d'une manière solide les poutres qui soutiennent le plafond. Des glaces d'une grande dimension remplissent l'intervalle entre ces colonnes, et sont d'un effet puissant pour refléter la lumière jaillissant des lustres dont la structure et les ornemens se raccordent avec ceux de la pièce.

Les portes, en parties moulées sur celles que le quinzième siècle a léguées au palais du Louvre, sont couvertes d'ornemens dorés sur fond de de diverses couleurs. Leur structure, ainsi que leur décoration, méritent d'être remarquées et rappellent les belles choses qui ont été faites à cette époque si intéressante de l'art. La cheminée se compose d'un chambranle en marbre vert d'Égypte, couvert de rosaces et d'ornemens dorés. Dans un encadrement orné de guirlandes, de fruits et de fleurs, un tableau ou un bas-relief doit être placé ; provisoirement c'est une glace qui en occupe l'espace. En face de la cheminée, au-dessus de la porte principale, dans un fronton richement décoré, on a ménagé un ovale pour recevoir le buste de sa majesté Louis-Philippe, qui a eu l'heureuse idée de commencer la restauration du palais, en prenant pour point de départ la partie la plus remarquable, celle qu'on peut appeler un véritable musée échappé, comme par miracle, à la destruction du temps.

GALERIE DE FRANÇOIS Ier.

Cette galerie, qui rappelle parfaitement l'époque de sa construction, par son architecture extérieure et ses décors intérieurs, tire son jour de la cour de la Fontaine, par sept croisées. Le plafond est en bois de noyer à plusieurs compartimens, avec des pièces rapportées en forme de mosaïques autrefois dorées. Le lambris est décoré de Salamandres au milieu de flammes, d'armes, de trophées et de chiffres de François 1ᵉʳ, avec ces mots : « *Franciscus, Francorum rex*, » dont les deux derniers ont été effacés pendant la révolution de 1793. Une grande quantité de sculptures très estimées, de cariatides, de masques et de figures idéales bien ménagées, ornent cette galerie dont la magnificence est encore relevée par des tableaux peints à fresque, ainsi que des médaillons. Toutes ces peintures, à l'exception d'une seule, le tableau de Danaë, qu'on attribue à Primatice, ont été exécutées sur les dessins et sous les yeux du florentin Rosso, ou maître Roux, peintre et architecte, auteur aussi des *ornemens*, c'est-à-dire des reliefs et basses tailles dont l'exécution fut par lui confiée au sculpteur italien Paul Ponce. Quant aux bordures et agrémens divers, qui complètent la décoration, ils sont évidemment l'œuvre du Primatice qui est venu après coup poser là le cachet de la jalousie et de l'envie, qu'il portait à Rosso. La plupart des tableaux sont des sujets allégoriques ayant tous rapport à François 1ᵉʳ, à sa vie chevaleresque, érotique, et aux sentimens dont il était animé pour le bonheur et la gloire de son peuple. Il est à regretter que le temps qui détruit tout, n'ait pas laissé arriver intactes jusqu'à nous ces belles compositions des artistes les plus distingués de l'époque de la renaissance.

DESCRIPTION DES TABLEAUX.

Celui qui est au-dessus de la porte d'entrée, en arrivant par le vestibule du Fer-à-Cheval, représentait, avant d'être effacé, la Victoire couronnant François Ier.

Aux deux côtés de ce tableau, sont deux médaillons en relief : celui de gauche, représente une Consternation, emblème des malheurs arrivés à François Ier; et celui de droite, la Fortune, assise sur une roue, promettant à ce Monarque une prospérité qui doit lui faire oublier ses maux passés.

Dans le premier tableau, à gauche, on voit l'appareil d'un Sacrifice; et à côté, des personnages faisant des vœux pour la conservation de François Ier, qui voulait que l'instruction, source de bonheur et de jouissance, fût donnée indistinctement à tout le monde.

A droite et à gauche, sont des temples ornés de colonnes, entre lesquelles on a placé des Sacrificateurs. Celui de gauche a été en partie détruit sous le règne de Louis XIV pour faire l'ouverture de la porte.

Une petite peinture à fresque, d'un très-bon goût et d'une composition remarquable, est au-dessous de ce tableau; elle représente des Nymphes qui dansent en rond.

Le sujet du premier tableau, à droite, est

l'emblême de la protection que François Ier accordait aux gens de lettre. On le voit, en costume héroïque, ouvrir un temple à des personnages représentés sous diverses formes, et ayant des bandeaux sur les yeux. Autour de ce tableau, sont des figures et emblêmes, peints à fresque, et qui ont rapport au sens allégorique qu'il représente ; à droite et à gauche, sont deux grands Satyres en relief, avec des ornemens pareils.

Dans le deuxième tableau, à gauche, un éléphant, richement caparaçonné, semble, par les ornemens dont il est chargé, représenter un triomphe; on pense que c'est l'emblême de la bataille de Marignan, gagnée par François Ier.

A droite, est peint le ravissement d'Europe par Jupiter ; et à gauche, l'enlèvement d'Amphitrite par Neptune, métamorphosé en cheval marin.

Dans un bas-relief, au-dessous de ce tableau, on voit Alexandre-le-Grand accomplissant l'oracle, en coupant le nœud-gordien.

Dans le deuxième tableau, à droite, on voit François Ier, en costume romain, tenant une grenade à la main, et la présentant aux personnages qui l'entourent, comme le symbole de l'union.

Les ornemens de ce tableau, comme de tous les autres, sont en relief et stuc, avec une salamandre dorée au-dessus ; et au-dessous, un médaillon, dans lequel sont des colonnes qui semblent représenter l'entrée d'un temple.

Le troisième tableau, à gauche, représente l'incendie de Troie, et Énée emportant sur ses épaules son père Anchise.

« Ergo age, care pater, cervici imponere nostræ.
« Ipse subibo humeris, nec me labor iste gravabit. »

Eh bien ! mon père, au nom de mon amour pour vous,
Laissez-moi vous porter : ce poids me sera doux.

Aux deux côtés sont, dans des niches, deux grandes figures accompagnées d'ornemens ; et au-dessous, une ruine de bâtiment.

Dans le troisième tableau, à droite, on voit les deux frères Cléobis et Biton, traînant, sur un charriot, leur vieille mère, vers un temple dont elle était prêtresse.

De chaque côté sont deux médaillons avec un bas-relief ; celui de gauche, représente Junon sur son char ; et celui de droite, une Peste ; dans le bas-relief au-dessous du tableau, la Piété filiale.

Le quatrième tableau est une Minerve, peinte sur toile, ouvrage de Boulogne le jeune. A la place de ce tableau, il y avait autrefois une porte conduisant dans une pièce appelée le cabinet des Curiosités, qui fut détruite sous le règne de Louis XIV, quand on fit les appartemens qui ont vue sur le Jardin de l'Orangerie ; au fond du cabinet était peinte à fresque Sémélé brûlée par le feu de Jupiter ; de chaque côté de ce tableau, on voit un groupe, en relief, des trois Grâces.

Dans le quatrième tableau, à droite, est représentée la pluie d'or; c'est sous cette transformation que Jupiter vient visiter Danaé :

> . . . . . Quid non mortalia pectora cogis,
> Auri sacra fames!. . . . . .

> . . . . . Que ne peut l'ardente soif de l'or!

Deux groupes de trois femmes sur termes, en relief, accompagnent ce tableau, au-dessus duquel on voit deux médaillons où sont représentés, sur un char, d'un côté Apollon, et de l'autre Diane.

Le cinquième tableau, à gauche, dans lequel on voit des figures d'hommes dans l'attitude du désespoir, représente une horrible tempête; il passe pour être l'emblême des désastres de la bataille de Pavie.

Neptune est représenté dans le médaillon qui se trouve au-dessous du tableau, et semble amoureux d'une Nymphe qui est près de lui.

Le cinquième, à droite, représente Adonis mourant entre les mains des Grâces et des Amours.

Des enfans, en bas-relief, soutiennent, à droite, le triomphe de Vénus; et à gauche, les effets de l'Amour; au-dessous, sont représentées des courses de chariots.

Dans le sixième tableau, à gauche, on voit le

centaure Chiron exercer Achille à différens exercices propres à donner la force physique.

Le bas-relief, qui est au-dessous, représente une arène, où des hommes combattent contre des animaux.

Au sixième tableau, à droite, on voit l'arrivée d'Esculape à Rome, sous la figure d'un serpent : cette ville qui était dans la plus grande terreur au milieu d'une peste qui détruisait ses habitans, reprend aussitôt un aspect serein, et recommence à se livrer à la gaîté et aux plaisirs.

Dans les deux médaillons sont représentées, à droite, la force de l'Age, et à gauche, la Vieillesse.

Le septième tableau, à gauche, est accompagné de deux figures gigantesques d'homme et de femme, et représente Psyché, dont Cupidon est devenu amoureux.

Entre deux cartouches en relief, dans l'un desquels on voit un combat naval, et dans l'autre une bataille en rase campagne, est le Plan de Fontainebleau, vu du côté de la cour des Fontaines.

Le septième, à droite, représente le combat des Lapithes contre les Centaures ; c'est l'emblème de la bataille de Marignan.

Des enfans ailés soutiennent, de chaque côté, des Termes portant la devise et le chiffre de François Ier.

Le tableau qui était autrefois à l'extrémité de la galerie a fait place à une niche renfermant le buste du fondateur de cet admirable monument des arts, sauvé comme par miracle du vandalisme révolutionnaire de 1793; puisque là, eut lieu, à cette époque, pendant quatre mois, la vente à l'encan du riche ameublement que possédait le château.

La galerie de François Ier, ne pouvait manquer d'être comprise dans les vastes projets de restauration et d'embellissement conçus par le roi Louis-Philippe. Elle aura son tour : le moment n'en est peut-être pas bien éloigné : il sortira aussi de ses ruines, ce véritable chef-d'œuvre, qui rappelle au plus haut degré cette époque célèbre de la renaissance, où la civilisation, si nécessaire à la prospérité des peuples, a commencé à répandre ses bienfaits sur la France.

GALERIE DE DIANE.

Elle fut construite et décorée sous Henri IV. Les tableaux et médaillons peints à l'huile, étaient l'ouvrage d'Ambroise Dubois. Vingt-trois, de sept pieds de haut sur seize de largeur, représentaient les batailles gagnées par ce Prince, et tous les autres étaient des sujets de la Fable, choisis pour rappeler, sous la forme allégorique, les amours du Roi chevalier et de la belle Gabrielle.

Toutes ces belles peintures, ainsi que les ornemens qui les accompagnaient, ont été détruits par le temps.

Napoléon trouva presqu'anéanti ce chef-d'œuvre de l'art, et donna l'ordre de le rétablir ; mais on ne put exécuter que les gros travaux : son règne finit au moment où les meilleurs peintres de son temps composaient les tableaux représentant les batailles les plus mémorables où il avait commandé en chef.

Louis XVIII ne fut pas plutôt monté sur le trône, qu'il ordonna la continuation de cette Galerie. Deux peintres, d'un mérite distingué, MM. Abel Pujol et Blondel, furent choisis pour exécuter le nouveau plan qui avait été arrêté.

Les dispositions de l'architecture et l'élégante symétrie des décors les obligèrent à diviser leurs travaux en deux parties, et à les alterner de la manière suivante :

VOUTE DE LA GALERIE DE DIANE.

Première travée, en entrant. — M. Abel Pujol.

Esculape, à la prière de Diane, rend la vie à Hippolyte qui, emporté par ses chevaux fougueux à travers les rochers, avait été mis en pièces.

A gauche du tableau : le Génie de la mort.
A droite : le Génie vainqueur de la mort.

Frise de gauche: la mort d'Hippolyte.

Frise de droite: Diane cachant Hippolyte sous le nom de Virbius.

Deuxième travée. — M. Blondel.

Latone, fuyant les persécutions de Junon, emporte dans ses bras Apollon et Diane, ses deux enfans. Arrivée au bord d'un étang, elle veut se désaltérer, mais des paysans qui y travaillaient, troublent l'eau pour l'empêcher de boire, et sont à l'instant même changés en grenouilles.

A gauche du tableau: le Génie de la médecine.

A droite: celui de la douleur.

Frise de gauche: Junon irritée contre Latone, fait sortir du sein de la terre le serpent Python.

Frise de droite: Amphitrite sur les eaux, accompagnée d'un Triton ou dieu marin.

Troisième travée. — M. Abel Pujol.

OEnée, roi de Calydon, ayant oublié à dessein dans un sacrifice qu'il faisait à tous les dieux, de nommer Diane, cette déesse s'en vengea en envoyant un énorme sanglier ravager ses Etats.

A gauche: le Génie de l'impiété.

A droite: le Génie de la vengeance.

Frise de gauche : Méléagre et Atalante, vainqueurs du sanglier de Calydon.

Frise de droite : Amphiaraüs et Jason.

Quatrième travée. — M. Blondel.

Diane obtient de Jupiter la faveur de garder une virginité perpétuelle, et le titre de Reine des Forêts.

Premier tableau à gauche : le Génie de la sagesse.

Premier à droite : le Génie de la chasse.

Deuxième à gauche : le Génie de la virginité.

Deuxième à droite : le Génie des ténèbres.

Frise de gauche : des Nymphes au repos de chasse.

Frise de droite : Invocation à la Lune avant le sacrifice.

Cinquième travée. — M. Abel Pujol.

Naissance de Diane et d'Apollon, sous le palmier de l'île de Délos.

Premier tableau à gauche : le Génie d'Hécate.

Premier à droite : le Génie de la Lune.

Deuxième à gauche : le Génie d'Apollon.

Deuxième à droite : le Génie de la Lumière.

Frise de gauche : Neptune, à la prière de Mercure, rend fixe l'île de Délos.

Frise de droite : Junon ordonne aux Euménides de poursuivre Latone.

Sixième travée. — M. Blondel.

Hercule, sur le mont Ménale, saisit la biche aux pieds d'airain, au moment où elle veut franchir le fleuve Ladon.
A gauche : le Génie de la force.
A droite : le Génie de Neptune.
Frise de gauche : le dieu Pan et le fleuve Ladon.
Frise de droite : Hercule et Eurysthée.

Septième travée. — M. Abel Pujol.

Diane dérobant Iphigénie au sacrifice, et lui substituant une biche.
A gauche : le Génie de l'expiation.
A droite : le Génie de l'offense.
Frise de gauche : Deux guerriers pleurant la mort d'Iphigénie.
Frise de droite : Agamemnon et Ménélas déplorant le sort d'Iphigénie.

Huitième travée. — M. Blondel.

Niobé ayant renversé les autels de Diane, en est cruellement punie par la mort de ses enfans, qui tombent sous les coups invisibles de Diane et d'Apollon.

A gauche : le Génie de la colère.
A droite : le Génie de la fraude.

Frise de gauche : Un groupe d'enfans de Niobé près d'un autel de Diane.

Frise de droite : Apollon et Diane dirigeant leurs traits sur tous les enfans de Niobé.

SALON DE DIANE.

Il est partagé en dix-neuf compartimens, entièrement peints par M. Blondel, et divisés de la manière suivante.

Quatre tableaux, sur stuc blanc.

Le premier, à gauche, représente Diane au bain, punissant la curiosité d'Actéon en le changeant en cerf.

Le deuxième, du même côté, Endymion endormi, et Diane près de lui dans l'attitude d'une femme que la passion anime.

Sur le premier tableau, à droite, on voit Vénus, entourée d'Amours ailés, recevant les plaintes de Diane, à qui elle avait enlevé le cœur d'Adonis.

Dans le deuxième, à droite, Diane est représentée avec une contenance pleine de courroux, et chassant de sa présence la nymphe Calisto qui avait eu le malheur d'être trop sensible.

Au centre du plafond, on voit Diane assise sur son char attelé de biches et environnée de

Zéphyrs qui cherchent à la dérober aux regards des mortels, en la couvrant du voile de la Nuit. L'Amour caché au milieu d'eux, sous les voiles du Mystère, se dirige vers Endymion. Sur quatre angles sont représentés des Zéphyrs portant les attributs de la déesse, et sur les quatre autres également des Zéphyrs avec les animaux favoris de Diane. Chaque partie de frise, divisée en trois compartimens, représente : d'un côté, une chasse au daim; et l'autre, une chasse au sanglier.

Au milieu du salon de Diane est une très-belle table, en porcelaine de Sèvres, où des sujets tirés de la Fable sont peints, d'une manière extrêmement gracieuse, dans cinq médaillons; elle a été achetée sous l'empire.

Tous les tableaux qui décorent la galerie de Diane sont modernes, et ont été acquis par la Liste-Civile aux différentes expositions, depuis 1813.

Le premier tableau, à gauche, en quittant le salon de Diane, représente Saint-Louis au tombeau de sa mère : ce tableau est de Bouton.

Le premier, à droite, peint par Laurent, représente le roi Clovis, et sa femme Clotilde qui l'engage à se faire chrétien.

Le deuxième, à gauche, par Dunoui: Pierre, l'Ermite, prêchant la Croisade.

Le deuxième, à droite, peint par Bourgeois: François Ier visitant la fontaine de Vaucluse.

Troisième, à gauche, par Boisselier : Louis vii combattant dans les défilés de Laodicée.

Troisième, à droite, par Mongin : Jeanne d'Arc faisant prendre l'épée de Charles Martel.

Quatrième, à gauche, par Watelet : Henri iv et le capitaine Michaud.

Quatrième, à droite, par Lecomte : Louis xiii force les retranchemens du pas de Suze.

Cinquième, à gauche, par Duperreux : vue du château de Pau. Jeanne d'Albret tient dans ses bras Henri iv, enfant.

Cinquième, à droite, par Chauvin : entrée de Charles viii dans Acquapendente.

Sixième, à gauche, par Mme Haudebourg-Lescot : François Ier accordant à Diane de Poitiers la grâce de son père.

Sixième, à droite, par Revoil : Antoine de Bourbon, roi de Navarre, montrant un collier à Jeanne d'Albret, enceinte de Henri iv.

Septième, à gauche, par Mauzaisse : portrait de Henri iv à cheval.

Septième, à droite, par Granet : Saint-Louis rachetant des prisonniers.

Septième (bis), à gauche, par Richard : Tanneguy Duchâtel sauvant le Dauphin.

Huitième, à gauche, par Bidault : le chevalier Bayard à Brescia.

Huitième, à droite, par Boisselier : mort du chevalier Bayard.

Neuvième, à gauche, paysage de Bertin : Chérébert, fils du roi Clotaire, rencontrant une bergère s'entretient avec elle.

Neuvième, à droite, par Taunay : Sully ayant été blessé à la bataille d'Ivry, Henri IV vient le visiter et lui apporte des paroles de consolation.

Dixième, à gauche, par Duperreux : vue du palais de Fontainebleau du côté de l'étang. On voit sur le devant du tableau, Henry IV relevant son ministre et son ami, qui avait mis un genou en terre, et lui adressant ces paroles.

« *Relevez-vous, Sully, on croirait que je vous « pardonne.* »

Dixième, à droite, par Bidault : vue de la plaine d'Ivry et de la colonne.

Onzième, à gauche, par Ronmy : Henri IV au siége de Paris.

Onzième, à droite, par Rémond : mort du roi Carloman.

Douzième, à gauche, par Hippolyte Lecomte : Charlemagne passant les Alpes à la tête de son armée.

Douzième, à droite, par Regnier : Jeanne d'Arc offrant son épée à la vierge Marie.

Le tableau en grisaille qui est au-dessus de la porte, est de M. Blondel ; il représente Diane au repos.

On entre dans la galerie de Diane par le vestibule des appartemens de la Reine ; et comme le sol en est beaucoup plus élevé, on y monte par degrés en marbre blanc, se développant dans toute la largeur.

Au-dessus, et de chaque côté, sont deux colonnes d'ordre dorique, en stuc, supportant une archivolte couverte d'ornemens dorés. Ces colonnes ainsi que l'archivolte sont répétées au fond de la galerie, et la séparent en quelque sorte du salon que nous avons décrit plus haut.

Enfin, on peut dire que la galerie de Diane est une des belles choses modernes que possède le palais de Fontainebleau ; elle flatte les yeux autant par la richesse de sa décoration, que par l'harmonieux ensemble de toutes ses parties.

Une amélioration importante a été introduite dans la galerie de Diane par le roi Louis-Philippe, c'est l'ouverture d'une porte sur le côté gauche du salon ; elle donne entrée dans l'ancien pavillon de Noailles. Ce pavillon, informe construction, crevassée et menaçant ruine a été détruit en 1834, et remplacé par le bâtiment que nous voyons aujourd'hui. Son architecture s'harmonise parfaitement avec celle de la galerie de Diane. Dans ce pavillon qui doit porter le nom de son auguste fondateur, un élégant escalier a été établi pour communiquer de la galerie de Diane avec le jardin particulier du Roi : c'est une belle addition à cette partie du palais : c'est en même temps une chose dont l'utilité était généralement reconnue.

IV.

CHAPELLES.

Il y avait autrefois dans le palais trois chapelles.

1° Celle dite de *Saint-Saturnin*, consacrée sous l'invocation de ce martyr.

2° La *chapelle Haute* ou *chapelle du Roi*.

3° Enfin la *chapelle de la Sainte-Trinité*, qui a toujours été la principale église du palais, en même temps qu'elle est la plus vaste et la plus riche en décoration et en ornemens.

CHAPELLE DE SAINT-SATURNIN.

Elle est située au rez-de-chaussée de la cour Ovale, entre le pavillon des Dauphins et la salle d'Attente ou de Louis-Philippe : c'est la plus ancienne du palais, mais il ne reste de son origine que la charte de sa consécration par Thomas Becket, archevêque de Cantorbéry, qui bénit dans le même temps l'église de la petite ville de Moret. Tombée en ruines, la chapelle de Saint-Saturnin fut reconstruite sous François Ier, dans la forme et le style que nous lui voyons aujourd'hui ; mais c'est seulement sous Louis XIII qu'elle reçut les ornemens dorés dont on admire la belle conservation.

Depuis bien long-temps elle n'était plus affectée au culte, et servait tour à tour de magasin, de salle d'adjudication, de salle à manger. C'est au roi Louis-Philippe que la restauration en est dûe, c'est lui qui l'a fait rendre à sa première destination. Rien n'a été changé dans son architecture ; sa disposition intérieure a subi seulement une modification très-importante et de bon goût. Une tribune y a été ajoutée au-dessus de la porte d'entrée. La boiserie du fond a été reportée en avant, et un couloir de communication à droite et à gauche a été pratiqué. Cette tribune, destinée à la famille royale, est surmontée d'une grille en fer à moulures dorées. Quant à la voussure, ses ornemens bien conservés sont tout-à-fait de l'époque de Louis XIII; aucune restauration n'y a été faite, la boiserie seulement a reçu quelques emblêmes nouveaux, et des dorures ont été restaurées ou rétablies entièrement. Enfin il ne manquait plus à cette chapelle, pour lui rendre son premier éclat, que des vitraux de couleur aux croisées; ce complément de décoration a eu lieu en 1836.

Ces admirables vitraux sont ornés de sujets composés avec un sentiment si naïf d'expression, si pur de travail, qu'on les prendrait pour des peintures du vieux temps.

Chaque vitrail est divisé en vingt-sept compartimens de différentes dimensions, représentant: les uns, des sujets tirés de l'histoire de l'Église; les autres, des têtes de chérubins ou des ornemens de diverses formes.

Dans le vitrail du milieu, le martyre de saint Saturnin; et au-dessus, son apothéose.

Dans celui de droite, sainte Amélie offrant à la Vierge sa couronne de reine, avec cette inscription au-dessous : *Regina reginæ patrona*.

Dans celui de gauche, l'apôtre saint Philippe recevant de Jésus-Christ la bénédiction évangélique; au-dessous, l'inscription suivante : *Apostole regem tuere*.

Au-dessus de ce tableau, l'apothéose de saint Philippe.

Sur le vitrail du milieu, on lit cette inscription : « Louis VII a bâti cette chapelle ; en 1169, « elle a été consacrée par saint Thomas Becket, « archevêque de Cantorbéry. »

Sur celui de droite, celle-ci : « François Ier a « rebâti cette chapelle vers 1544. »

Et sur celui de gauche : « Louis-Philippe Ier l'a « restaurée en 1834. »

Ces vitraux, qui ne le cèdent en rien à ceux dont il nous reste encore quelques morceaux épars dans un très petit nombre de monumens français du moyen âge et de la renaissance, sortent des ateliers de la manufacture de Sèvres. Ils ont été établis sur les dessins d'une fille de S. M. le roi des Français, de la princesse Marie, aujourd'hui S. A. madame la duchesse de Wurtemberg, ainsi que l'indique l'inscription suivante :

« Ce vitrail a été fait sur les dessins de S. A. R. « la princesse Marie, fille du roi, 1836. »

Dans un écusson appliqué à l'autel de la chapelle Saint-Saturnin, on lit l'inscription suivante :

« Pie VII a célébré les saints mystères sur cet « autel pendant son séjour au palais de Fontai- « nebleau, du 20 juin 1812 au 21 janvier 1814. »

CHAPELLE HAUTE.

François 1er fut aussi le fondateur de cette chapelle, l'une des belles choses de la renaissance, tant par la variété des ordres d'architecture qu'on y remarque, que par le bon goût et la richesse des décors. De même que la chapelle de Saint-Saturnin, au-dessus de laquelle il est placé, cet élégant édifice est en gresserie, et présente les dispositions intérieures suivantes :

Douze pilastres de dix pieds et demi de haut, avec leurs bases et chapiteaux d'ordre dorique, soutiennent douze colonnes composites de quinze pieds de haut, couronnées d'un riche entablement. Ces colonnes supportent les arcs doubleaux de la voûte, qui est aussi en gresserie et en forme de berceau, avec des ornemens d'une délicatesse remarquable.

Aux extrémités des cintres sont deux médaillons en cul de lampe. Sur le fond de l'un d'eux, on voit les armes de France, et de l'autre, une salamandre avec cette inscription : *Franciscus, Francorum rex, anno Domini 1545, absolvi curavit.*

Au milieu de la voûte s'élevait autrefois un dôme en gresserie, de forme octogone, formant double lanterne, et destiné alors à répandre la clarté du jour dans la chapelle : cette lanterne fut détruite, à ce qu'il paraît, sous Louis XIII.

L'inscription *Henricus secundus, Dei gratiâ Francorum rex christianissimus*, qu'on lit sur le fronton de la tribune prouve qu'elle a été construite sous le règne de ce prince pour y placer la musique; cette tribune est en menuiserie, soutenue par deux colonnes de marbre gris tacheté, de dix pieds et demi de haut, y compris leurs bases et chapiteaux : ces colonnes sont l'ouvrage d'un bon sculpteur, dont le nom n'est pas venu jusqu'à nous.

Dans un cadre au-dessus de la porte d'entrée de cette chapelle royale étaient écrits en lettres d'or, à la louange de Henri IV, les trois vers suivans, qui ont été effacés on ne sait quand et pourquoi.

Imperio, natisque potens, et conjuge felix
Altâ pace, sacram decorat rex inclytus ædem
Æternùm ut pietas augustâ splendeat aulâ.

Riche en biens, en enfans, en royaume et en femme,
Au milieu de la paix un monarque indompté
Décore ce saint lieu dans l'ardeur qui l'enflamme
Pour faire dans sa cour régner la piété.

La chapelle Haute a été transformée, sous l'empire, en bibliothèque, et disposée dans sa hauteur de manière à former deux balcons se correspondant par deux escaliers intérieurs, et se développant dans tout le pourtour de la pièce. Environ trente mille volumes composés des bons ouvrages de l'antiquité et des temps modernes sont venus, au commencement de l'année 1808, enrichir cette bibliothèque, la plus considérable des châteaux royaux, et qui chaque année s'augmente de cent cinquante à deux cents volumes d'ouvrages bien choisis, provenant des souscriptions faites par le roi, pour encourager les gens de lettres. Elle a été formée en partie de la bibliothèque du tribunat, quand Napoléon supprima, le 18 août 1807, ce corps politique, dont la création datait du 13 décembre 1799.

C'est le savant bibliographe Barbier (3) qui fut chargé de composer cette bibliothèque. La lettre qu'il reçut à cette occasion est datée de Rambouillet, le 12 septembre 1807; elle est ainsi conçue :

« Sa Majesté, monsieur, vous a nommé son bi-
» bliothécaire; elle désire que vous preniez pos-
» session de sa bibliothèque le plus tôt possible.

» Comme Sa Majesté doit se rendre incessam-
» ment au palais de Fontainebleau, il est plus
» pressant que vous preniez connaissance de cette
» bibliothèque.

« Outre celle du cabinet de Sa Majesté, qui est
» pleine et incomplète, on a construit dans le pa-
» lais, pour le service de Sa Majesté, de ses mi-
» nistres et de sa maison, une grande bibliothèque.
» Sa Majesté y a destiné les livres de l'ancienne
» bibliothèque du conseil d'état : elle désire que

» vous les y fassiez porter et arranger de suite: elle
» désire aussi que vous envoyez au même endroit
» les livres de l'ancienne bibliothèque du tribu-
» nat.

» Voyez, monsieur, à mettre le plus d'activité
» qu'il vous sera possible pour remplir prompte-
» ment les ordres de Sa Majesté. »

Le grand-maréchal du palais,

Duroc.

Depuis que la chapelle Haute a été ainsi transformée, les seules marques qu'elle conserve de son ancienne destination consistent en deux petites tours rondes qui renfermaient autrefois une magnifique horloge, l'un des plus beaux ouvrages qui fût sorti des mains de Jaquemar, horloger de François Ier. Dans l'une des tours, des figures plus grandes que nature indiquaient par des signes particuliers les jours de la semaine, et dans l'autre, des Cyclopes sonnaient les heures en frappant sur une enclume. Cette horloge a été détruite en 1621.

CHAPELLE DE LA SAINTE-TRINITÉ.

En fondant dans le bourg de Fontainebleau un hôpital pour les malades, le roi Louis IX en confia le soin aux religieux Trinitaires, dits Mathurins, et leur concéda provisoirement la chapelle de Saint-Saturnin. Il fut donc obligé d'en construire une autre qu'il fit consacrer sous l'invocation de la Sainte-Trinité : elle était beaucoup moins vaste que celle qui existe aujourd'hui, mais cependant en rapport avec les bâtimens peu considérables dont se composait le château à cette époque.

Lorsque François Ier voulut l'augmenter, il acquit des religieux Mathurins une grande partie de la cour du Cheval-Blanc, qui leur servait de jardin, car leur hospice était situé à l'endroit même où existe actuellement une cour qui porte leur nom. Les grandes constructions qu'il fit faire l'obligèrent de détruire la chapelle de la Sainte-Trinité, pour en bâtir une autre qui fût en harmonie avec les immenses appartemens qui allaient y être contigus.

Le plan d'une nouvelle chapelle fut dressé sur des dessins apportés d'Italie, et rien ne fut négligé pour lui donner l'étendue et le *grandiose* que nous admirons. Sa longueur est de vingt toises sur une largeur de huit en dehors des arcades; et sa hauteur, sous clef, est de quarante-huit pieds. Du côté droit sont sept chapelles voûtées supportant une galerie qui donne communication aux appartemens du roi ; du côté gauche, il n'y a qu'une seule chapelle consacrée à la vierge Marie, avec des arcades parallèles à celles qui sont en face.

L'entrée principale est sous l'escalier du Fer-à-Cheval. Sur la porte on lisait autrefois cette inscription : *Adorate Deum et deindè Regem*.

Au-dessus de cette porte, dans l'intérieur de la chapelle, s'élève une tribune d'une riche menuiserie, supportée par douze colonnes d'ordre corinthien de quinze pieds de haut, cannelées et dorées: c'est la tribune du roi, à laquelle on arrive par le vestibule des grands appartemens.

Rebâtie en 1509, la chapelle de la Sainte-Trinité resta sans autres ornemens que ceux de son architecture, jusqu'au règne de Henri IV. Ce prince stimulé, dit-on, par la plaisanterie que lui avait faite l'ambassadeur d'Espagne, en lui disant qu'il était mieux logé que Dieu, entreprit, en 1608, de faire exécuter les travaux de décoration et d'embellissement. La direction en fut confiée à Fréminet, peintre français, qui commença par la voûte et y peignit lui-même, à l'huile, sur plâtre, cinq grands tableaux. Le premier, au-dessus de la tribune du roi, représente Noë faisant entrer sa femme et ses enfans dans l'arche. Le deuxième tableau représente la chûte des Anges. Dans le troisième, on voit l'image de Dieu environné des puissances célestes, et plus bas un temple, emblême du culte qui doit être rendu à la Divinité. Dans le quatrième, l'ange Gabriel reçoit la mission d'annoncer à la vierge Marie qu'elle sera la mère du fils de Dieu. Dans le cinquième, on voit des figures rayonnantes de joie dans l'attente de la venue du Messie.

Le tableau sous l'arcade, derrière l'autel, représente l'ange Gabriel quittant la demeure céleste pour accomplir la mission qu'il a reçue; à droite est l'ange de paix armé d'un flambeau allumé qui met le feu à des trophées d'armes.

Les quatre élémens représentés sous des formes allégoriques, et les figures des principaux rois d'Israël, accompagnent ces tableaux, qui sont tous enrichis de cadres, en stuc, couverts de riches ornemens dorés. Les chiffres de Henri IV, de Marie de Médicis[1], de Louis XIII et d'Anne d'Autriche, qui font partie de ces ornemens si variés, attestent que la décoration tout entière a été faite de leur temps. Le pourtour de la chapelle est garni d'un lambris doré de dix-sept pieds et demi de

---

[1] « La maison de Médicis a esté ung long espace de temps
« cachée à Florence, soubs la lie du peuple. Elle commença
« à haulser le front par le moyen d'ung charbonnier, qui
« eut un fils médecin, le quel prit surnom de son art; et
« comme nous voyons aujourd'hui les gens de métier pren-
« dre pour marque et enseigne l'ung de leurs oustils, le ma-

haut, avec des pilastres et leurs accessoires d'ordre corinthien.

Sur ce lambris règne une corniche aboutissant à deux écussons de stuc, supportés par des anges en relief, plus grands que nature; les armes de France et de Navarre sont dans l'écusson au-dessus de l'autel, et les armes de France et de Médicis, au-dessus de la tribune du roi. De chaque côté, des baies sont établies pour donner passage au jour, et servir en même temps de tribunes. L'une de ces tribunes, à gauche de l'autel, est disposée pour recevoir le jeu d'orgues qui a été apporté de Versailles à Fontainebleau, sous le règne de Louis xv.

Le grand autel de la chapelle de la Sainte-Trinité est l'une des plus belles choses qu'on puisse voir dans ce genre. C'est l'architecte italien Bourdoni qui l'a construit et qui a cherché à réunir dans l'espace qu'il occupe tout ce qu'il avait vu de beau et de majestueux dans la capitale du monde chrétien.

On y monte par quatre degrés en marbre blanc. Sur le rétable de l'autel, dont le corps principal est en marbre bleu turquin, s'élèvent quatre co-

---

« çon un marteau ou une truelle, les tailleurs des ci-
« seaulx, etc., pareillement cesluy-ci prit pour ses armoi-
« ries cinq pilules en nombre non pair, comme les médecins
« ont coutume de les ordonner. » Tel est, d'après le discours merveilleux sur la vie de Catherine de Médicis, l'origine des armoiries de cette célèbre maison.

lonnes corinthiennes, de brêche violette, d'environ quinze pieds de haut, avec leurs socles et chapiteaux en bronze doré. Le devant de l'autel était distribué en trois compartimens. Celui du milieu est enrichi d'un soleil rayonnant avec le cœur et le nom du sauveur du monde ; les autres compartimens étaient parsemés de fleurs-de-lis.

De chaque côté des colonnes sont deux anges en bronze, grands comme nature : l'un représentait la Justice avec ses emblèmes, une épée et une balance ; le second et le troisième avaient un encensoir à la main, symbole de l'adoration; et le quatrième, une couronne d'épines d'une main, et de l'autre une palme, dont la réunion indique la Persévérance ; ces emblèmes ont disparu on ne sait à quelle époque.

Entre les colonnes et dans des niches, sont les statues, en marbre blanc, des rois de France, Charlemagne et Louis IX, aussi grandes que nature, et sculptées par G. Pilon, que l'on peut regarder comme le fondateur de la sculpture en France ; elles avaient été transportées au Musée pendant la révolution, et ont été rapportées sous l'Empire.

Le tabernacle, ouvrage du temps de Louis XIII, répondait à la magnificence de l'autel. Sur un piédestal de marbre blanc s'élevaient huit colonnes de très beau porphyre, supportant un baldaquin aussi de marbre blanc, avec une boule de bronze doré, surmontée d'une croix ; de chaque côté, deux Anges, symbole de l'Adoration.

L'encadrement contient un tableau de Jean Dubois, peint sur toile, représentant une descente de croix, d'une composition parfaite : il a été transporté au Musée, en 1825, pour y être restauré, c'est avec peine qu'on a pû réussir à le réparer. Au-dessus, dans une table de marbre noir, on lisait autrefois l'inscription suivante :

In honorem sanctissimæ et individuæ Trinitatis, Ludovicus Justus XIII, Francorum et Navarræ rex christianissimus, dedicavit ann. Dom. MCXXXIII.

En l'honneur de la très sainte et indivisible Trinité, Louis XIII, le juste, roi très chrétien de France et Navarre en a fait la dédicace, l'an 1633.

Sur le linteau de la porte de la tribune du Roi, dans l'intérieur de la chapelle, et dans un cadre ovale aussi de marbre noir, était l'inscription suivante, en lettres d'or :

Clamavit omnis populus et ait: Vivat Rex.

Tout le peuple éleva la voix et s'écria : Vive le Roi.

Enfin, rien ne fut épargné pour donner à la chapelle de la Sainte-Trinité toute la magnificence que les Rois étalent ordinairement dans les constructions qu'ils ordonnent. Le pavé lui-même est une fort belle chose : il se compose d'un grand nombre de compartimens de marbre précieux, dont la distribution et l'arrangement sont un chef-d'œuvre.

A la suite du pavillon des Armes, où fut enfermé le maréchal de Byron, est un clocher dans lequel une horloge à équation, et dont la courbe d'équation est taillée intérieurement, a été placée sous l'empire; c'est l'ouvrage de M. Lepaute, neveu, qui a fourni presque toutes les pendules du Palais; il fait le plus grand honneur à son talent.

Sur une plaque en cuivre on a fait graver l'inscription suivante :

« L'an 1812, sous l'empire de Napoléon-le-
« Grand, S. E. le duc de Frioul, étant grand-
« maréchal du Palais; S. E. le duc de Cadore,
« intendant-général de S. M., M. le baron Cos-
« taz, intendant des bâtimens de la Couronne; et
« M. Heurtault, architecte du Palais, Jean-Jo-
« seph Lepaute, horloger de l'Empereur, a fait
« cette horloge pour le Palais de Fontainebleau. »

Au rétablissement du culte catholique en France, le beau tabernacle que nous avons signalé plus haut fut donné à l'église paroissiale de Fontainebleau, où on peut encore en voir les restes, car il a été fortement endommagé pendant la révolution de 1793. La chaire à prêcher qui est dans l'église, est celle-là même que Louis xiv avait fait élever dans la chapelle de la Sainte-Trinité, et du haut de laquelle l'éloquent Massillon a plus d'une fois fait entendre, au monarque et à sa cour, de salutaires vérités.

Quelques faits intéressans se rattachent à cette chapelle monumentale : on peut citer notamment le mariage, par procuration, de la nièce du roi Louis XIV, Louise d'Orléans, avec Charles II, roi d'Espagne; puis celui du roi Louis XV avec la princesse Marie de Pologne; ce dernier a été béni, le 5 septembre 1725, par le cardinal de Rohan, grand-aumônier de France.

Enfin, le 30 mai 1837, la cérémonie catholique du mariage de S. A. R. monseigneur le duc d'Orléans avec S. A. R. madame la princesse Hélène de Mecklembourg a eu lieu dans la chapelle de la Sainte-Trinité, momentanément débarrassée des échafauds élevés pour la restaurer, et que l'on avait parée comme aux plus grands jours de fête.

Quand Napoléon était à Fontainebleau, il assistait à la messe, tous les dimanches, dans la chapelle de la Sainte-Trinité, et y a tenu, sur les fonts de baptême, avec l'impératrice Marie-Louise, pendant le voyage de 1810, plusieurs enfans des principaux officiers de sa maison et des grands dignitaires de l'Empire.

Le pape Pie VII, pendant son séjour à Fontainebleau, n'y est entré qu'une seule fois, et encore quelques instans seulement avant de monter en voiture pour retourner à Rome; car, jusques-là, il n'avait pas voulu quitter ses appartemens, afin de mieux persuader à la Chrétienté qu'il était véritablement le prisonnier de celui sur la tête duquel il avait versé l'huile sainte quelques années auparavant.

V.

APPARTEMENS.

Autrefois les appartemens du palais, comme ceux de Versailles, et probablement des autres résidences royales, se divisaient *en grands et petits appartemens*. Les premiers étaient consacrés aux réceptions publiques, et certains salons n'étaient ouverts que les jours de grande cérémonie, ou à l'occasion d'une audience solennelle.

C'était au contraire dans les petits appartemens que le souverain et sa famille, ainsi que les personnes reçues dans l'intimité royale, passaient une partie du temps ; et les courtisans les plus en faveur y étaient seuls admis.

Cette distinction se fit surtout remarquer sous les règnes de Louis xiv et de Louis xv; car, à cette époque, l'étiquette était extrêmement rigoureuse, et y manquer était une faute impardonnable.

Cependant, à côté de cette rigueur du cérémonial, il existait parmi les gens de la cour une extrême facilité, et le laisser-aller en présence du Roi et de sa famille passait quelquefois, et selon la circonstance, pour une chose de très bon ton ; mais c'était seulement dans les petits appartemens que l'on pouvait voir cette liberté de manières, puisque l'étiquette en était bannie, afin de donner aux plaisirs et aux divertissemens qu'on y prenait, un caractère de gaîté convenable, en les affranchissant d'une partie de l'attitude respectueuse que la majesté royale et la vue d'une auguste famille imposent naturellement.

La dénomination de grands et petits appartemens existe encore de nos jours, mais elle doit être prise dans un sens différent de celui qui y a donné naissance. Les appartemens du Roi et de la Reine, dont les pièces consacrées aux réceptions publiques font partie, sont ce qu'on nommait jadis les grands appartemens ; leur magnificence est en rapport avec ce titre. Ceux des princes et princesses de la famille royale, en général très-bien distribués et fort élégans, sont nommés petits appartemens. Ils sont nombreux dans le palais de Fontainebleau ; ils y occupent une grande partie du rez-de-chaussée sous les appartemens du Roi et de la Reine, ainsi que la partie de l'aile neuve des Princes rétablie sous l'empire.

GRANDS APPARTEMENS.

Trois entrées principales y conduisent : la première, par l'escalier du Fer-à-Cheval, dans la cour du Cheval-Blanc ; la seconde, par le grand escalier de la Reine, dans la cour Ovale ; et la troisième, par deux escaliers situés entre la salle de Henri II et les appartemens du roi : ces escaliers sont à droite et à gauche de la porte Dorée. C'est de ce point que commencera la description.

PORTE DORÉE.

En passant de la cour Ovale à l'avenue de Maintenon, la vue et l'imagination sont frappées des jolies peintures et de la riche décoration d'un beau portique ayant une longueur d'environ quinze mètres, sur une largeur de six. Ces ornemens brillans lui ont fait donner le nom de *porte Dorée*.

Ce passage est séparé en deux parties inégales par un des gros murs qui supportent le pavillon, et dans lequel une baie a été pratiquée pour recevoir une grande porte, que les chiffres sculptés sur les panneaux supérieurs indiquent être du règne de Louis XIV. Tout fait croire que les constructions de cette partie du château ont été exécutées de prime abord sous François Ier. Il en est de même des peintures qui rappellent le pinceau sévère de Rosso, connu en France sous le nom trivial de maître Roux, et la manière florentine de Primatice. Depuis long-temps elles étaient presqu'entièrement oubliées ; à peine apercevait-on çà et là quelques restes de couleurs. Le roi Louis-Philippe, frappé de l'idée originale qui avait donné naissance à ces fresques, en décida la restauration et en confia le soin à M. Picot, dont il avait apprécié le mérite en faisant placer dans la galerie du Palais-Royal un tableau de sa composition. Le peintre semblait avoir tout à faire; au premier coup d'œil on l'eût cru; mais il en était autrement. L'enduit ou le mortier sur lequel s'applique la peinture était entier dans la première partie du portique, en sorte que le trait a été retrouvé presque partout. Dans la seconde, les deux tableaux de droite et de gauche avaient entièrement disparu, tout était à refaire. Au moyen de gravures retrouvées après beaucoup de recherches, M. Picot, fidèle aux recommandations du roi a, pour ainsi dire, calqué ces dessins sur le mur; puis s'emparant, si j'ose m'exprimer ainsi, du pinceau de Rosso, il a fidèlement rendu ces compositions dont le peintre italien fut l'auteur.

DESCRIPTION.

Le premier tableau de la voussure, en sortant de la cour Ovale, représente Céphale enlevé par l'Aurore; le sommeil le couvre de ses ailes; le second, les Titans foudroyés par Jupiter.

Le premier, à droite, représente le départ des Argonautes pour la conquête de la toison d'or; le second, Titon et l'Aurore.

Dans le premier de gauche, on voit une Diane réveillant Endymion endormi; et dans le second, Pâris, blessé par Pyrrhus au siége de Troie. M. Picot a peint au-dessus de la grande porte deux renommées, appuyées sur l'écusson des armes de France.

Il n'y a que deux tableaux dans la seconde partie de la porte Dorée; ils étaient totalement détruits, et sont l'ouvrage de M. Picot, qui les a peints d'après les anciennes gravures.

Le tableau de droite représente Hercule, habillé en femme par Omphale; celui de gauche, le dieu de la force dans les bras de la volupté, dont un génie vient le retirer en l'éclairant avec le flambeau de la sagesse.

Le plafond de cette partie de la porte Dorée est à surface plane, recouverte d'encadremens et de moulures rechampis en or.

Au-dessus de la porte, dans un médaillon que supportent deux grandes figures allégoriques, se trouve l'emblème de l'époque où ce beau portique a été construit et décoré : c'est une salamandre dans les flammes; elle forme la devise de François Ier, celle que l'on voit le plus fréquemment dans le palais de Fontainebleau, dont ce prince pourrait, à juste titre, être considéré comme le fondateur.

Le 17 février 1814, le général Alix arriva à Fontainebleau par la route de Melun, pour en chasser le général prussien Hardegg, qui commandait l'avant-garde de la division Bianchi. On se battit non-seulement dans les rues, mais même dans le château. Un gros de Prussiens s'y étaient mis en défense dans l'avenue de Maintenon : la fusillade fut des plus vives; mais l'ennemi, obligé de céder, se mit en retraite du côté de Moret; et si le général Alix eût eu une connaissance exacte du pays, il ne restait pas un seul Prussien. Longtemps on vit sur les murs de la porte Dorée l'empreinte des boulets et des balles; mais on les a fait disparaître dans les nouveaux travaux exécutés depuis 1830, et l'on a sagement fait.

ESCALIER DU ROI,

AUTREFOIS

CHAMBRE DITE D'ALEXANDRE OU DE LA DUCHESSE D'ÉTAMPES.

François Ier, en faisant construire le pavillon de la porte Dorée, n'y avait fait établir qu'un seul escalier qui porte encore aujourd'hui le nom de ce monarque; il est à gauche et conduit directement à la salle de Henri II. Sous Louis XV, un second escalier fut percé à droite; pour cela, il fallut détruire une chambre magnifique, artistement et richement décorée dans le style du seizième siècle. Les ornemens de cette belle pièce ont été conservés ainsi que les peintures. Elles se composent de quatre grands tableaux, d'autant de médaillons, ouvrage du Primatice et de Nicolo dell'Abbate. Ces tableaux représentent quelques traits de la vie d'Alexandre-le-Grand. Ils sont peints à fresque, entourés d'encadremens dorés et accompagnés de grandes figures en relief et en stuc, ainsi que de divers attributs y ayant rapport. Jusqu'au règne de Louis XV, ces cariatides restèrent dans une nudité complète : ce ne fut qu'à cette époque, et par les ordres de la reine Marie Leczynska qu'elles reçurent les draperies que nous voyons aujourd'hui et qui sont en plâtre. Les peintures, aussi originales que toutes celles qui nous restent de ce temps-là, étaient en grande partie détruites ; le tableau de gauche, en descendant l'escalier, n'existait plus ; l'enduit était tombé et avait été remplacé par du mortier ordinaire ; il en était de même des deux médaillons qui accompagnent ce tableau. Quant à ceux qui sont à droite et au fond, il ne restait plus que de légères parties de peinture ; on apercevait seulement éparses quelques couleurs nuancées, pâles et noircies par le temps, mais le tracé était conservé presque partout.

M. Abel de Pujol, auteur de la moitié des peintures de la galerie de Diane, qu'il a faites alternativement avec M. Blondel ; M. Abel, dis-je, à qui de grands travaux et une belle réputation ont ouvert la porte de l'Institut, fut choisi par le roi Louis-Philippe pour exécuter cette restauration difficile. Il s'est acquitté de son mieux du mandat qui lui était confié. Les peintures détruites ont reparu calquées sur des gravures du temps : celles dont le trait était conservé revivent. Mais, jusqu'ici, la décoration de cet escalier se composait seulement de huit tableaux à fresque, encadrés de bordures dorées et accompagnés de cariatides supportant un plafond plat, sans aucun ornement, et qui paraissait avoir été posé là exprès pour écraser les peintures et leurs accessoires. Le roi Louis-Philippe l'a fait détruire et remplacer par une cage en forme de voussure, décorée magnifiquement. Là apparaissent, dans des médaillons richement ornés, tous les princes français qui ont inscrit leurs noms dans les annales du palais de Fontainebleau. Leurs portraits sont copiés d'après des médailles ou pièces de monnaie de leur temps, et sont placés dans l'ordre suivant :

Louis VII.	François Ier.
Louis IX.	Henri II.
Henri IV.	Louis XIII.
Louis XIV.	Napoléon.

Au milieu et en regard, le roi Louis-Philippe et la reine Marie-Amélie, avec leurs chiffres, et au-dessous le millésime de 1836.

Ces portraits sont accompagnés d'enfans grands comme nature, portant différens emblèmes : ils sont au nombre de quatorze dans des niches très richement ornées et dans les intervalles desquelles sont des décors en sculpture de composition et de sujets différens.

La décoration de cet escalier remarquable est complétée par un tableau au plafond. C'est l'ouvrage de M. Abel de Pujol. Il a peint là sur toile un Alexandre-le-Grand dans un char de triomphe supporté par les nues. Le héros macédonien, la foudre en main, se présente avec tout le fracas de la guerre, renverse les peuples qui veulent lutter contre lui et s'opposer à l'agrandissement de sa puissance.

DESCRIPTION DES ANCIENS TABLEAUX.

1er médaillon au-dessus de la porte d'entrée des appartemens du roi. — Alexandre domptant le cheval Bucéphale.

Tableau à la suite. — Alexandre offrant à Campaspe une couronne. L'hymen éclaire les deux amans, et des amours président à la toilette de la belle courtisane.

2e médaillon. — Timoclée, dame thébaine, ayant été outragée par un capitaine de l'armée d'Alexandre, le précipita dans un puits au moment où elle lui montrait que là était caché son argent. Arrêtée et conduite devant Alexandre, sur le récit qu'elle fit de son injure et de sa vengeance, elle reçut de ce héros des éloges au lieu du châtiment que les gens de sa suite espéraient lui faire infliger.

1er tableau du fond. — Il représente le disciple d'Aristote faisant renfermer précieusement dans une boîte les œuvres d'Homère, et rendant ainsi au chantre d'Achille et d'Ulysse l'hommage qu'il mérite à tant de titres.

2e tableau. — La belle Thalestris, reine des Amazones, émerveillée des hauts faits du conquérant de l'Inde, a quitté son royaume pour venir le visiter, et va lui donner des preuves de l'amour qu'il lui a inspiré.

1ᵉʳ Médaillon en retour. — Alexandre coupant le nœud gordien.

Tableau du milieu. — Il représente un festin où figure Alexandre, dont on ne voit que le visage et la coiffure.

2ᵉ Médaillon à la suite. — Alexandre, fatigué de Campaspe, sa maîtresse, la donne au peintre Apelle.

APPARTEMENT DE MADAME DE MAINTENON.

A gauche de cette ancienne chambre, est un joli appartement composé de cinq petites pièces, qui sont autant de boudoirs; le grand roi l'avait fait décorer pour y loger convenablement la veuve du poète Scarron. Il a été entièrement restauré par ordre du roi Louis-Philippe. Les ornemens qui, comme partout ailleurs, n'avaient pas échappé aux ravages du temps, viennent de reprendre toute leur fraîcheur; et les riches dorures ainsi que l'ameublement, qui rappellent les brillantes années du règne de Louis XIV, ont reparu dans tout leur éclat. C'est cet appartement qui a fait donner à la grande avenue qui lui fait face le nom d'*avenue de Maintenon*.

SALLE DES GARDES, ou FOYER DU THÉATRE.

PREMIÈRE PIÈCE DES APPARTEMENS DE RÉCEPTION.

—

J'arrive à la description d'une salle brillamment ornée; j'y trouve deux sortes de décorations. Il semblerait que la monarchie ancienne vient donner ici la main à la monarchie nouvelle. Toutes deux y sont artistement mariées. Il y avait de grandes difficultés à vaincre pour obtenir un résultat aussi satisfaisant, former un ensemble aussi complet, aussi parfait, et parvenir à lier entre eux des ornemens exécutés à des époques si différentes. Le peintre décorateur, par un effort de génie, en est venu à bout.

La salle des Gardes, véritable foyer du théâtre, porte en effet le cachet des temps anciens et des temps modernes, mais de manière à tromper l'œil le mieux exercé. La disposition de son plafond à poutres et solives apparentes, couvertes de peintures arabesques, de cartelles, avec les chiffres couronnés de Henri IV, de Louis XIII et d'Anne d'Autriche, semblerait annoncer qu'elle fut destinée d'abord à recevoir des ornemens plus nombreux que ceux que nous y avons vus. La frise qui se développe au-dessous du plafond dans une largeur d'environ 20 pouces, en est assurément l'indice. Mais, ce qui est positif, c'est que cette frise et le plafond étaient les seules décorations de la pièce ; tout le reste appartient à notre époque.

Au mois de février 1834, la salle des Gardes était à peine remarquée ; la décoration de son plafond avait disparu en partie ; on n'apercevait çà et là que quelques nuances de couleurs clair-semées : les ornemens sur carton étaient pour la plupart en lambeaux : la frise était cachée par une mauvaise tenture : on ignorait même qu'elle existât, et on n'a pas été peu surpris, en arrachant la toile qui la recouvrait, de trouver, sous sa teinte enfumée, des trophées, des débris d'armures peints à l'huile sur un fond d'or.

Par sa position et son voisinage des pièces que nous venons de décrire, la salle des Gardes ne pouvait être oubliée dans les grands projets de restauration et d'embellissement conçus par le roi Louis-Philippe. Aussi, dès les premiers jours de 1834, l'architecte eut ordre de rédiger un plan et de le calculer de manière à harmoniser la décoration du plafond et de la frise avec les nouveaux ornemens que le roi avait l'intention d'y introduire. Ce plan, approuvé par Sa Majesté, ne tarda pas à être mis à exécution. M. Mœnch, peintre décorateur justement renommé, fut chargé de ce travail important. Cette mission délicate, il l'a parfaitement remplie ; le plafond, ainsi que la frise, sont aujourd'hui comme au temps de Louis XIII, et la décoration du lambris, tout entière de la composition de l'artiste moderne, semble appartenir à l'époque des Valois.

L'ancienne boiserie de cette salle était de la plus grande simplicité et sans le moindre ornement. Des tableaux représentant les chasses de Louis xv remplissaient le vide depuis la corniche jusqu'au plafond. Ils sont aujourd'hui remplacés par une riche tenture imitant les cuirs de Venise; elle est couverte de décors en sali d'or, et encadrée d'une bordure en relief, avec ornemens dorés sur fond blanc. Au milieu, du côté des appartemens et de la salle de Spectacle, deux grandes armoiries supportées chacune par deux figures allégoriques en coloris, contiennent les chiffres de ses fondateurs, Louis xiii et Louis-Philippe. Ces armoiries sont accompagnées de dix cartouches répartis sur les quatre faces, et servent à indiquer, au moyen des anagrammes peints dans l'écusson, à quel règne, à quel prince ou princesse a rapport la décoration emblématique du lambris.

DESCRIPTION.

Les panneaux de la boiserie sont couronnés d'une frise dont les ornemens, peints sur fond d'or, représentent les attributs des sciences, des arts, de l'industrie et du commerce, entrelacés de guirlandes de lauriers et de fruits supportées par des enfans. Il en est de même du chambranle. Ces décors en coloris sont d'une grande richesse, d'une belle exécution et d'un fini parfait.

Au-dessus des cinq portes vraies ou figurées, et dans cinq médaillons ou camées, sont représentés : 1° François Ier; 2° Henri II; 3° Antoine de Bourbon, père de Henri IV; 4° le roi chevalier; 5° Louis XIII. Ces portes sont dédiées à la mémoire des souverains qui ont plus ou moins travaillé à l'agrandissement du palais de Fontainebleau, qui l'ont embelli et y ont inscrit leurs noms en caractères ineffaçables. C'est un résumé ingénieux de l'histoire de chacun d'eux sous des figures allégoriques, des chiffres, des emblèmes, des devises rappelant leurs siècles et les principaux faits qui rendent leur époque intéressante.

Chaque porte, ainsi que chaque encadrement qui l'accompagne, est divisée en deux compartimens égaux séparés par une petite frise. Sur le panneau supérieur sont des figures allégoriques, des portraits, des armoiries, dans des médaillons richement ornés d'emblèmes, avec des devises analogues au sujet représenté. Sur le panneau du bas, sont alternativement des trophées d'armes et des chiffres. Tous ces décors, en sali d'or, font à l'œil l'effet de véritables bas-reliefs.

Côté des appartemens. — Première porte consacrée à la mémoire de François Ier, ainsi que l'indique son portrait, dans le camée qui est au-dessus.

Médaillons du milieu : les deux figures allégoriques représentent : l'une, les beaux-arts, et l'autre, la force.

Dans les trois panneaux qui accompagnent cette porte et qui rappellent quelques parties de l'histoire de François Ier, il y a d'un côté, à gauche, le chiffre de ce prince, entrelacé avec celui de la reine Claude de France; à côté, le portrait du héros de Marignan, dans un médaillon supporté par deux salamandres, avec cette devise : *Nutrisco et extinguo* (je m'y nourris et je l'éteins); dans le panneau, à droite, les anciennes armes de France, avec le chiffre de François Ier; au-dessus est une salamandre.

Deuxième porte dédiée à Henri II, comme l'indique son portrait.

Médaillons du milieu : d'un côté, Diane chasseresse, de l'autre, la libéralité.

Sur les deux encadremens qui accompagnent cette porte, sont : dans le premier, le portrait de ce prince, surmonté de croissans; dans le second, le chiffre de Catherine de Médicis; au-dessus, la Vénus de ce nom, et au dessous, les armes de la maison de Médicis.

Troisième porte, à gauche de la cheminée; elle est dédiée à Antoine de Bourbon, duc de Vendôme, père de Henri IV.

Médaillons du milieu ; d'un côté, l'abondance; de l'autre, l'espérance.

Dans les encadremens qui accompagnent cette porte, sur la partie gauche sont, sur celui du milieu, le portrait du héros des Andelys; sur celui de droite, son chiffre, avec les armes de Vendôme, et, sur celui de gauche, l'anagramme de Jeanne d'Albret, avec les armes de Navarre.

Côté du Théâtre. — Quatrième porte dédiée à Henri IV, ainsi que l'indique le camée qui est au-dessus.

Dans les panneaux sont, d'un côté, la gloire avec ses attributs; de l'autre, la paix, avec les emblèmes des arts, du commerce et de l'industrie.

Six encadremens accompagnent cette porte; leur décoration est consacrée à Henri IV et à Marie de Médicis.

Dans le médaillon du premier, près de la cheminée, le chiffre du roi et de la reine, avec cette devise : *Fulgenti diademate partus* (enfant d'un brillant diadème); dans le second, le portrait de Marie de Médicis, avec la devise : *Nunquàm sub mole fatescit* (elle ne succombe pas sous le faix); dans le troisième, les mêmes chiffres qu'aux premiers, avec ces mots : *Umbras lux recta fugat* (sa droite lumière dissipe les ombres). Dans le premier, du côté du théâtre, le même chiffre; dans le second, le portrait de Henri IV, surmonté de deux renommées en coloris; et dans le troisième, les mêmes chiffres, avec ces mots : *Nitet atque serenat* (il brille et il apaise).

Cinquième porte dédiée à Louis XIII.

Médaillons du milieu : à gauche, la justice; à droite, la religion.

Dans le premier encadrement qui suit, le chiffre entrelacé d'Anne d'Autriche et de Louis XIII, avec cette exergue : *Ad spem, spes addita Gallis* (espérance nouvelle unie à l'espoir de la France); dans le second, le portrait du roi Louis-le-Juste, une balance au-dessus, avec ces mots : *Sub Justo temperat orbem* (sous un roi juste, elle tient le monde en équilibre); et au-dessous : *Nec me monstra morantur* (les monstres même ne sauraient m'arrêter); dans le troisième, le chiffre entrelacé; dans le quatrième, le même chiffre, surmonté d'un épervier, avec cette exergue : *Aquilis generosior ales* (oiseau plus généreux que les aigles); dans le cinquième, le portrait d'Anne d'Autriche; dans le sixième, des chiffres entrelacés; au-dessus, *Mus ponticus* (l'hermine), avec ces mots : *Incontaminatis fulget honoribus* (elle brille d'un pur éclat); au-dessous, un arbre et une serpe avec ceux-ci : *quondàm rescissa virescit* (coupé, il reverdit); dans le septième, les armes de France et de Navarre, au milieu d'un médaillon entouré des mots *Ludovicus Justus Gallorum rex* (Louis-le-Juste, roi des Français); dans le huitième, le portrait du roi Louis-Philippe; dans le neuvième, le chiffre entrelacé de S. M. la reine des Français.

La métamorphose que vient de subir la salle des Gardes n'eût point été complète, si une cheminée, dans le style des époques si bien caractérisées par la décoration, n'était venue s'harmoniser avec elle.

Le roi Louis-Philippe a eu l'heureuse idée d'en faire élever une avec les fragmens de celle qui, autrefois, à cause de sa masse imposante et de sa riche structure, avait donné le nom de *belle cheminée* à cette vaste pièce de 120 pieds de long sur 30 de largeur, que la salle de Spectacle a remplacée au commencement du règne de Louis xv. Les précieux restes de cette cheminée en marbre blanc avec des bas-reliefs d'une rare perfection, étaient depuis lors relégués dans un magasin. Il n'en restait plus que le cadre, si artistement sculpté, qui entourait une basse-taille où étaient représentées la bataille d'Ivry et la reddition de Mantes, le portrait de Henri iv à cheval en demi-relief et les deux grandes statues qui l'accompagnaient de chaque côté. Mais la place manquait pour exposer sur le même point ces magnifiques ornemens. Il a donc fallu les séparer. Le Henri iv à cheval a été élevé dans le salon dit de Saint-Louis, sur une vaste cheminée en marbre royal. Dans la salle des Gardes, un soubassement tout entier était à faire pour asseoir le tout et supporter les deux statues. Ce soubassement, raccordé avec les décorations anciennes, se compose d'une frise faisant chambranle, supportée par des montans ornés de guirlandes, avec des figures antiques en bas, et des chimères dans le haut. Cette frise est couverte de bas-reliefs consistant en guirlandes de fleurs et de fruits soutenues par des enfans. Au milieu est une armoirie portant le chiffre de S. M. Louis-Philippe. Les deux statues la Force et la Paix, attribuées au sculpteur Francaville, font un des principaux ornemens de cette belle cheminée ; elles sont posées sur des piédestaux revêtus de décors, au milieu desquels est le chiffre de Henri IV. Un cadre de forme ovale, contenant le buste du bon roi, remplace la basse-taille qui représentait la bataille d'Ivry et la prise de Mantes. Il est lui-même renfermé dans un plus grand cadre carré couvert de jolies sculptures représentant, sur la partie inférieure, un fleuve sous la figure de deux enfans versant de l'eau. Des deux côtés sont les quatre saisons de l'année avec leurs attributs. Dans la partie supérieure, l'écusson de France supporté par des enfans ; le tout surmonté d'une corniche en marbre blanc, qui a été ajoutée.

Cette belle cheminée, qui est peut-être l'unique en son genre, a 17 pieds de haut sur 12 de largeur, et 2 de saillie, dans son plus grand développement.

Enfin, la décoration de la salle des Gardes a été complétée par un magnifique parquet en marqueterie, composé de bois divers, et dont le dessin est tout-à-fait en rapport avec le plafond.

A la suite de la salle des Gardes vient le théâtre de Louis XV, établi sur l'emplacement de la vaste pièce qu'on nommait salle de la Belle Cheminée. Construite dans le mauvais goût du temps, la salle de Spectacle est étroite, écrasée et sans dégagemens. Depuis plusieurs années, elle ne cesse d'attirer l'attention du roi Louis-Philippe, dont la sage prévoyance sait descendre aux moindres détails, et il y a tout lieu d'espérer que le temps n'est pas éloigné où elle sera distribuée et décorée selon les données du jour; car on a fait de si grands progrès, tant dans l'architecture que dans la décoration de ce genre de bâtiment, qu'il n'y a pas de terme de comparaison possible entre la manière d'autrefois et celle d'aujourd'hui.

Pour continuer la visite des appartemens, on traversera de nouveau la salle des Gardes dont nous venons de parler, et on arrivera à la première pièce nommée autrefois salle du Buffet du Roi, puis des Gardes-du-Corps, et aujourd'hui salon des Huissiers. La décoration, qui consistait en quelques filets d'or appliqués sur les moulures du plafond et des lambris, était, selon toutes les apparences, du temps de Louis XIV. Rien n'était plus simple que cette pièce jusqu'à la fin de l'année 1836. Aussitôt que la salle des Gardes fut achevée, le roi Louis-Philippe ordonna que ce salon, qui lui était contigu, fut mis en rapport avec elle. Alors le plafond reçut un grand nombre d'ornemens dorés, calqués sur d'anciens modèles, parmi lesquels on en remarque qui sont de Primatice. Des tableaux, encadrés de baguettes d'or avec ornemens, furent placés au-dessus du lambris. Ces tableaux sont au nombre de neuf, et représentent : le premier, près de la croisée, Théagène blessé et secouru par Chariclée. C'est le dixième de la collection du salon de Louis XIII.

Le deuxième, au-dessus de la porte, vient du cabinet de Clorinde : ce sont les Croisés devant Jérusalem.

Le troisième, à la suite, vient du salon de Louis XIII : c'est le Mariage de Théagène et de Chariclée.

Le quatrième, en retour, vient du même salon : c'est le premier de la collection ; il commence l'histoire de Théagène et de Chariclée.

Le cinquième, à la suite, vient du cabinet de Clorinde : cette jeune guerrière propose à l'empereur Aladin de mettre le feu à une tour remplie de chrétiens armés. Ces quatre tableaux sont d'Ambroise Dubois. Les autres sont des Enfans ou des Amours jouant avec des objets divers.

La seconde pièce est la salle dite de Saint-Louis, parce qu'elle se trouve dans le pavillon qu'avait fait construire ce grand roi, et dont François Ier eut bien soin de faire conserver la cage, quand il le fit réparer et décorer. De son temps encore, et long-temps après lui, ce salon ne fut connu que sous le nom de Chambre de Saint-Louis. Il est bien à regretter qu'elle ne soit pas arrivée jusqu'à nous telle qu'elle était alors. Comme elle faisait suite à la galerie de François Ier, on l'avait décorée dans le même style, avec le même caractère. Sept tableaux de l'histoire d'Ulysse et de la Fable, peints à fresque par Nicolo, sur les dessins du Primatice, encadrés de bordures de stuc, accompagnées de vingt grandes figures termes, supportant des corbeilles de fruits, ouvrage de Paul Ponce, ornaient cette pièce, qui, d'après toutes les probabilités, fut détruite sous Louis XIV. La riche décoration qui la distinguait fut remplacée par un plafond et un lambris aussi simples qu'était celui du précédent salon. Le roi Louis-Philippe y a fait ajouter un immense supplément. Le Henri IV à cheval, de Jacquet, provenant de la belle cheminée, y a été placé. Le plafond a été couvert d'ornemens dorés sur fonds bleu, et le lambris surmonté de tableaux au nombre de quinze, dont quatre rappellent quelques traits principaux de la vie de Henri IV; les autres des Amours ou des Enfans jouant avec des fleurs, des fruits, etc. Cette salle, à peu près décorée comme la précédente, est plus intéressante par les souvenirs qu'elle rappelle; c'est aujourd'hui le salon des aides-de-camp de service.

La troisième pièce, connue autrefois sous les noms de grand cabinet du Roi, de chambre Ovale, de salle des Nobles, et actuellement nommée Salon de Réception, a été construite sous François Ier, et décorée sous Henri IV, en mémoire de la naissance de son fils Louis XIII, que Marie de Médicis y mit au monde, le 27 septembre 1601. Restaurée en 1837, par ordre du roi Louis-Philippe, pour les noces de son fils aîné, Monseigneur le duc d'Orléans, cette pièce est aujourd'hui l'un des plus beaux et des plus riches salons du palais. En voici la description :

Paul Bril, né à Anvers, et l'un des meilleurs paysagistes du règne de Henri IV, orna cette salle de petits paysages et de bouquets entremêlés de figures idéales, de camaïeux historiés, avec les chiffres de Henri IV et de Marie de Médicis.

Ambroise Dubois peignit, sur toile, quinze tableaux ; six pour le plafond, et neuf pour les côtés : ces tableaux représentaient l'histoire fabuleuse de Théagènes et de Chariclée, dont les amours et les malheurs ont inspiré à Héliodore, évêque de Trica en Thessalie, l'un des romans les plus remarquables de l'antiquité ; il a été traduit du grec, sous François Ier, par Jacques Amyot, évêque d'Auxerre, grand-aumônier de France, fils d'un boucher de Melun.

De ces quinze tableaux, il n'en reste plus que onze, les quatre autres ayant été supprimés sous Louis XV, pour faire des ouvertures de portes quand cette pièce devint un salon.

Le premier tableau, qui commençait l'histoire, était placé entre la cheminée et la croisée. Il représentait Théagènes, député des Éniens, arrivant à Delphes pour les jeux pythiens : ce député, descendant d'Achille, était peint dans toute la vigueur et l'éclat de la jeunesse. Chariclée, prêtresse de Diane, jeune fille rayonnante de beauté, dont l'origine était un mystère, même pour Chariclès, grand-prêtre d'Apollon, à qui elle avait été *mystérieusement* confiée, y était aussi représentée sur un char traîné par des bœufs blancs, et semblait exciter au plus haut degré l'admiration des spectateurs.

Le deuxième tableau, sur la cheminée, représente un Sacrifice : on y voit Théagènes recevant des mains de Chariclée le flambeau qui doit allumer le bûcher. Le député des Éniens, à qui la vue de la jeune prêtresse avait inspiré un sentiment extraordinaire, semble voir, avec une profonde satisfaction, qu'il est partagé ; et de là commencent leurs amours et leurs malheurs.

Dans le troisième tableau, au plafond, à gauche de la cheminée, la jeune prêtresse est représentée pleine d'inquiétude, et dans un état de langueur résultant de l'impression que Théagènes a produite sur elle. Chariclès, plein de tendresse pour sa pupille, a fait tous ses efforts pour connaître la source du mal qui la consume; mais n'ayant pu réussir, il en a confié la mission à Calasiris, grand-prêtre d'Isis, qui se trouve à Delphes, et dont les moyens magiques doivent obtenir le succès devant lequel l'art de la médecine a échoué.

Mais dans le quatrième tableau, qui est au milieu du plafond, du côté de la porte, on voit Apollon et Diane apparaissant en songe à Calasiris, et lui ordonnant de prendre sous sa garde Théagènes et Chariclée, et de les emmener en Égypte.

Dans le cinquième tableau, à côté du précédent, Calasiris est représenté près de la jeune prêtresse, ayant surpris dans la ceinture qu'elle portait l'explication du mystère de sa naissance. Il en résulte que Persine, reine d'Éthiopie, est sa mère; qu'elle l'a exposée pour la soustraire aux fureurs de son mari, qui voulait la sacrifier à son ressentiment, parce qu'elle était de *couleur blanche* : il la prévient ensuite qu'elle doit résister aux instances de Chariclès, qui veut lui faire épouser son neveu, et l'engage à exécuter l'ordre qu'il a reçu d'Apollon et de Diane.

Dans le sixième tableau, au fond de la salle, on voit la Fuite de Théagènes et de Chariclée, qui, à la faveur d'une nuit sombre, et par les soins d'amis fidèles, vont se soustraire au ressentiment de Chariclès.

Le septième tableau, à côté, représente le vaisseau qui portait les deux amans, surpris par des pirates qui s'en rendent maîtres. Leur chef devient amoureux de la jeune prêtresse, et veut en faire son épouse.

Le huitième tableau, qui manque, représentait le lieutenant du vaisseau corsaire, épris d'une passion violente pour Chariclée, en disputant à son chef la conquête; celui-ci périt dans la mêlée; mais Théagènes profite de ce combat, et ne laisse pas long-temps le vainqueur jouir de sa victoire, car il succombe sous ses coups, et vient mourir aux pieds de Chariclée.

Dans le neuvième tableau, près de la cheminée, à droite, on voit Théagènes se reposant des fatigues qu'il vient d'éprouver : il est sous les yeux de Chariclée, qui elle-même est assise sur un tertre, dans une contenance pleine de majesté. Des pirates, qui descendent d'une montagne voisine, la prennent pour une déesse, et semblent s'arrêter saisis de stupeur.

Mais dans le dixième tableau, qui a été supprimé, le chef des corsaires d'une île voisine arrivait inopinément, mettait en fuite ces pirates, et s'emparait de Théagènes et de Chariclée.

Dans le onzième tableau, qui est au milieu du panneau en face des croisées, on voit Théagènes témoignant à Chariclée les inquiétudes dont son cœur est agité, et qui sont le fruit de la jalousie ; son esclave, qui ne l'a pas quitté, veille sur lui.

Au tableau du plafond, à droite de la cheminée, et qui fait le douzième, on voit un combat livré par des peuples voisins de l'île : le chef des corsaires va enfermer Chariclée dans une caverne, pour voler ensuite à la défense de son repaire attaqué. Tout plie, l'ennemi répand la terreur en mettant à feu et à sang ce qu'il rencontre, et n'épargnant rien dans sa fureur.

Dans le treizième tableau, près de la porte, au plafond, on voit Théagènes, qui errait depuis long-temps, arriver à l'antre funeste où un cadavre, qu'il croit être celui de Chariclée, excite ses tendres regrets. Mais, ô bonheur! une voix languissante se fait entendre au fond de la caverne; le nom de Théagènes est prononcé : l'écho dirige ses pas précipités vers l'endroit d'où s'échappe cette voix connue; il y trouve Chariclée expirante. Plus loin, dans ce même tableau, on voit cette malheureuse prêtresse, qui a ranimé ses forces, exprimer à son amant la joie qu'elle a de le revoir; à la lueur d'un flambeau, ils reconnaissent que le cadavre était celui de la maîtresse de l'écuyer du chef des corsaires, qui l'avait enfermée dans le même souterrain.

Dans le quatorzième tableau, qui est au milieu du salon devant la cheminée, on voit Théagènes et Chariclée commençant à goûter le bonheur qu'ils cherchent depuis si long-temps : ils sont calmes et tranquilles. Calasiris, qui est près d'eux, leur annonce qu'ils sont au pouvoir d'Hidaspe, roi d'Éthiopie; que, sur le point d'être sacrifiés comme deux victimes destinées à attirer la faveur des dieux, le peuple s'est attendri, et a demandé à grands cris leur liberté; que le roi est instruit de la naissance de Chariclée, et la reconnaît pour sa fille.

Le quinzième tableau, qui était à l'extrémité gauche de la salle, sur l'emplacement de la porte, représentait l'union conjugale de Théagènes et de Chariclée, déclarés, l'un grand-prêtre du soleil, et l'autre, prêtresse de la lune, digne récompense d'un amour dirigé par les principes d'une vertu sévère.

Au bas de ce quinzième tableau, Ambroise Dubois s'est peint lui-même, vêtu d'une robe rouge : près de lui sont représentés le duc de Sully et le fameux Sébastien Zamet, italien d'origine, dont la fortune était immense pour ce temps-là, et qui avait eu le talent de plaire à Henri IV, au point que ce prince allait souvent manger à sa table et lui confiait les affaires de son gouvernement, surtout celles qui avaient rapport à l'administration financière dans laquelle il était très versé.

A l'extremité du plafond, entre les deux portes d'entrée, Louis XIII, enfant, est représenté assis sur un dauphin, ayant d'une main un sceptre, et une branche de laurier de l'autre : des Amours versent sur lui des fleurs et soutiennent sa couronne. Au côté droit de ce tableau, on a représenté, en camaïeux, Hercule et Déjanire se reposant après leurs travaux ; et à gauche, Diane et Apollon.

Hyménée, le flambeau à la main, fait le sujet des deux médaillons du plafond, qui accompagnent près de la cheminée le chiffre de Henri IV, couronné par les Grâces et des Amours : à côté, deux Renommées publient sa gloire, et se marient fort bien avec tous les ornemens qui décorent cette pièce l'une des plus remarquables du Palais.

Le salon de Louis XIII, entièrement restauré en 1837, a reparu tel qu'il fut sous Henri IV; tout a été refait, retouché, rien n'a été ajouté. Ces jolis paysages qui couvrent le lambris, ces feuillages, ces groupes de fruits, ces bouquets, ces ornemens divers entremêlés d'or, au milieu desquels l'œil le plus fin se perd, ont repris leurs formes originelles, le coloris de leur premier âge. Le chambranle de la cheminée était couvert d'un revêtement en bois peint sur le fond, à moulures dorées, mais le ver ne l'avait pas ménagé; il tombait en poussière. Le roi Louis-Philippe a ordonné qu'il serait remplacé par un autre en marbre blanc copié sur l'ancien, dans les mêmes proportions, et, comme lui, tout-à-fait en rapport avec la décoration et les objets auxquels il se lie.

La quatrième pièce à la suite, autrefois antichambre des appartemens de la Reine, puis salle à manger de la Famille impériale et du roi Charles X, est ornée d'un plafond de menuiserie à petits compartimens en mosaïque, dorés tout autour sur fond bleu : le lambris à hauteur d'appui, ainsi que les deux portes qui sont de chaque côté de la cheminée, ont été décorés sous Louis XIII, comme l'indiquent les chiffres entrelacés de ce prince et d'Anne d'Autriche.

La cheminée de cette pièce est très intéressante; elle est du temps de François Ier, à en juger par les Salamandres qu'on y voit, ainsi que par l'ordre de son architecture. Les sculptures et les arabesques sont d'un goût exquis ; elles rappellent le temps de la renaissance. Au milieu, est un médaillon avec une jolie peinture à fresque ; et au-dessous, un bas-relief en stuc, d'une exécution parfaite. La peinture représente Mars et Vénus folâtrant ensemble ; et le bas-relief un sacrifice.

Cette pièce a été restaurée en même temps que la précédente. C'est encore le roi Louis-Philippe qui l'a rendue à la vie : c'est lui qui dès 1833 avait déjà fait poser les belles tapisseries des Gobelins dans les riches encadremens que nous voyons. Cette fois, les lambris et le plafond ont été remis à neuf, et la décoration a été complétée par un revêtement en biscuit de Sèvres, avec ornemens divers appliqués sur le chambranle de la cheminée qui jusques-là était de tôle, tout nu, et par conséquent du plus mauvais effet.

La cinquième pièce, autrefois salle des Gardes de la Reine, a été décorée en 1836, d'un plafond en sapin du Nord, construit dans le genre de celui de la belle salle de Henri II, mais dans des proportions et sur des modèles tout-à-fait différens. Il est formé de caissons octogones, assemblés à la manière des corniches volantes, c'est-à-dire offrant le plus de surface avec le moins de bois possible. L'architecte, qui en a donné les dessins, avait à lutter contre une difficulté dont il s'est tiré très-habilement.

Cette difficulté naissait de l'inégalité des deux

poutres transversales et de leur intervalle, qui ne permettaient pas une division exacte des caissons. Il y a obvié en revêtant les poutres et en simulant une partie des corbeaux qui les soutiennent, en *tapées* de bois adaptées sur la pierre et portant les profils accordés.

Les caissons octogones sont au nombre de cinquante-trois, attendu que la saillie du corps de la cheminée occupe la place de trois. Au centre de chacun d'eux, est une rosace en pâte de carton ; et dans les intervalles des pans sont des caissons carrés assemblés en contre-bas, et portant chacun un cul-de-lampe également en carton. Tout ce plafond est soutenu avec des vis fixées dans une charpente en sapin, disposée en châssis d'assemblage.

La décoration de cette pièce a été mise en rapport avec le plafond. Des chambranles, des portes et des ornemens divers, d'un style correspondant, des tapisseries anciennes, tout enfin concourt à faire croire qu'elle est d'une époque bien éloignée de nous.

La sixième pièce qui sert de salle d'attente aux appartemens de la Reine et à la galerie de Diane a subi une importante modification. Le roi Louis-Philippe en a fait disparaître les quatre grosses colonnes qui la masquaient, et l'a fait orner, dans toute la hauteur d'un lambris peint en couleur de bois, au milieu duquel sont encadrées sur trois côtés d'anciennes tapisseries des Gobelins rappelant trois épisodes du roman de Don Quichotte. Une ouverture directe a été faite pour entrer dans le salon de Clorinde, qui a, outre cela, une issue sur la galerie de Diane et une autre sur le salon des Jeux de la Reine.

La septième pièce, en retour sur le jardin, est le cabinet de Clorinde, ainsi nommé, parce que Ambroise Dubois y avait représenté, en six tableaux, l'épisode de Tancrède et de Clorinde. Ce cabinet a été détruit sous Louis XVI, et transformé en logemens pour des femmes du service de la reine. Le roi Louis-Philippe vient de faire disparaître les quatre petites pièces qu'on avait construites à cet effet. Elles sont remplacées aujourd'hui par un joli salon carré orné comme au temps de Louis XV. Une porte a été ouverte dans le mur qui le sépare de la galerie de Diane, en sorte qu'aujourd'hui on y arrive directement des grands appartemens sans être obligé de traverser l'antichambre.

La huitième pièce, est l'ancien grand cabinet, puis le salon des Jeux de la Reine. Elle fut décorée sous Louis XVI, dans le goût du temps; les ornemens, qui se composent d'arabesques en grisaille, sur un fond de marbre, sont très riches et font un grand effet. Le tableau du plafond, qui a été peint par Barthélemy, représente les neuf Muses et une Minerve, tenant à la main une double couronne.

La neuvième pièce ensuite est la grande chambre à coucher de la Reine. Un immense médaillon, accompagné de quatre autres plus petits, et de différens décors qui les lient entr'eux, forme le plafond qui est d'une belle menuiserie, artistement sculptée et richement dorée; il a été construit sous Louis XIII et Louis XIV. Les portes sont du règne de Louis XVI, ainsi que la cheminée, les croisées et leurs accessoires. Le lit de parade et son baldaquin, qui ont remplacé l'ancienne alcôve, ainsi que l'ameublement tout entier, sont de la même époque; mais l'étoffe, fabriquée à Lyon en 1785, n'a été mise en œuvre qu'au commencement de l'Empire.

De-là on passe dans la dixième pièce; c'est le boudoir de la Reine, autrefois nommé cabinet des Empereurs, parce que Charles IX y avait fait représenter, sur toile, les douze Césars à cheval plus grands que nature. Sous Louis XIII, cette pièce devint une des plus belles salles du palais, et fut ornée de tableaux des meilleurs maîtres. Louis XVI la fit détruire et remplacer par le boudoir que nous voyons aujourd'hui, et le petit appartement qui est au-dessus. Ce boudoir, d'une richesse remarquable, est orné de jolies peintures, sur fond d'argent. Les arabesques qui décorent les panneaux sont très gracieuses, le parquet est en acajou; au milieu est incrusté le chiffre de la reine Marie-Antoinette. Le plafond est peint par Barthélemy, ce qui fait présumer que la décoration tout entière est de 1780 : enfin, rien n'a été négligé pour lui donner toute l'élégance que pouvait exiger sa destination ; ce joli boudoir est éclairé par deux croisées qui donnent sur le jardin du Roi. L'espagnolette de chacune de ces croisées représente un thyrse bleu et or dont les acanthes sont ciselées avec beaucoup d'art. On attribue à l'infortuné Louis XVI ce travail que ne récuserait pas l'orfèvre le plus intelligent et le plus capable. Au-dessus, est l'appartement Turc; composé d'un petit salon et d'une chambre, décorés et meublés à la manière orientale.

La onzième pièce à la suite était autrefois la chambre à coucher du Roi. Bâtie comme les quatre qui précèdent, sous le règne de Charles IX, elle était restée à peu près sans décoration jusqu'au règne de Louis XIII. Ce prince la fit orner vers l'an 1642 ; et Louis XIV, en 1713, l'agrandit d'un tiers environ, en y ajoutant un cabinet, qui était au fond, contre l'appartement de la Reine, et où le maréchal de Biron avait été arrêté.

Le plafond est une des plus belles choses que l'on puisse voir en ce genre : il est composé de deux corps, d'une riche menuiserie. Le premier est à plusieurs compartimens, accompagnant une mosaïque soutenue par huit Amours, avec une couronne de France en relief au milieu, ornée de festons, de guirlandes de fleurs, et de décors divers parfaitement dorés : le deuxième corps se compose d'un demi-dôme ou lanterne, enrichi de fleurs-de-lis : de chaque côté sont les chiffres de Louis xiv, avec divers ornemens très-richement dorés. La cheminée est aussi en menuiserie, avec une décoration analogue à celle du plafond. Le portrait en pied de Louis xiii, par Philippe Champagne, y fut placé sous le règne de ce prince ; mais Louis xiv le fit remplacer par un tableau de Jean Dubois, représentant Flore et Zéphire. Ce tableau, qui y était encore au commencement de l'Empire, fut retiré à son tour, et un beau portrait en pied de Napoléon vint prendre sa place. Sous la restauration, on y a mis un portrait de Louis xv, et en 1832, le roi Louis-Philippe l'a fait remplacer par celui de Louis xiii, le fondateur de la salle du Trône ; c'est celui qui était à la même place sous le règne de ce prince. Au-dessus, dans un panneau chargé de riches sculptures, on lit cette devise de Louis xiii : *Erit hæc quoque cognita monstris*, à cause de la massue qui est au-dessus, et qui fait allusion à celle d'Hercule ; la même devise se trouve aussi sur chaque panneau des portes de la salle du Conseil, avec les emblêmes qui y ont rapport.

Dans un médaillon au-dessus de la porte du Salon de Réception, une main tient une massue prête à écraser une hydre à sept têtes ; et sur celle qui est de l'autre côté de la cheminée, on voit un sacrifice surmonté d'un soleil, dont les rayons viennent allumer le bûcher.

Ces deux médaillons, qui sont en menuiserie richement décorée, s'expliquaient par les légendes qu'on lisait autrefois au-dessous du cadre. La première était ainsi conçue : *Hæc meta laborum;* elle a rapport à Louis XIII; et la seconde, *Phœna et Taurus accessit ad aras*, fait allusion à la naissance du dauphin Louis XIV. Elles ont été recouvertes d'ornemens dorés qui paraissent y avoir été posés sous l'Empire. C'est à cette époque que cette belle chambre à coucher du roi fut transformée en salle du Trône. La richesse de l'ameublement fut mise en rapport avec la magnificence de la décoration; la draperie du trône, la même que nous voyons encore aujourd'hui, moins les abeilles dont elle était parsemée, est en velours cramoisi entouré de larges galons et de frânges d'or; le fauteuil est en bois richement doré, recouvert de velours bleu avec des broderies au pourtour; et l'ameublement est tout-à-fait analogue à la tenture du salon.

De cette belle pièce on passe dans la douzième, autrefois premier cabinet du Roi, et depuis l'Empire salle du Conseil. Construite et décorée sous François Ier, elle le fut de nouveau par Henri IV; puis sous Louis XIV et Louis XV, telle qu'on la voit aujourd'hui. Ce n'est cependant qu'en 1782 qu'on lui donna sa forme actuelle, en construisant la partie circulaire sur le Jardin du Roi.

Les ornemens, quoique riches et bien variés, font regretter ceux qu'elle eut dans son origine : ils consistent en quinze figures allégoriques, peintes sur autant de panneaux décorés de fleurs et de guirlandes, au-dessus desquels sont les divers emblêmes appropriés à chaque figure.

Le plafond, en caissons artistement sculptés et dorés, est divisé en neuf compartimens et un médaillon. Dans cinq encadremens riches, sont des peintures sur toile : celle du milieu représente le Dieu du Jour entouré d'Amours, et quittant les sombres et humides demeures de la Nuit pour éclairer le lever de Vénus. Dans les quatre autres, ainsi que dans le médaillon, sont des Amours jouant avec des fleurs ou avec des colombes. Ces peintures sont de Boucher.

Dans deux compartimens à côté, sont des *LL* couronnés; et dans les deux autres, une main de justice et le sceptre royal, surmontés d'une couronne.

Tous les ornemens de cette pièce sont tellement variés, et se marient si bien avec la richesse des dorures, que, bien que d'un assez mauvais goût, ils y produisent un bon effet, et en font l'un des plus élégans salons du palais.

On y remarquera une belle table de bois de Sainte-Lucie, d'un seul morceau, dont le diamètre est de six pieds cinq pouces.

De là, on entre dans un corps de bâtiment adossé à la galerie de François Ier, et ayant vue sur le Jardin du Roi. Louis xv en fit commencer la construction, qui ne fut achevée que sous Louis xvi. Mais les appartemens, excepté la chambre à coucher du Roi, qui servait alors de cabinet de toilette, ne furent décorés et meublés que sous l'Empire.

Cette pièce qui est la treizième fut la chambre à coucher de Napoléon, elle est enrichie d'ornemens dorés qui la rendent digne de sa destination. Les portes sont encadrées de guirlandes de feuillages et de fleurs, en bois sculpté et doré, d'un travail si parfait qu'on les prendrait pour des bas-reliefs. Le chambranle de la cheminée est du règne de Louis XVI; il est en marbre blanc veiné : des figures d'enfans, à demi-corps, en marbre blanc pur, sont adossées aux deux jambages; ils tiennent chacun le bout d'une guirlande, dont un aigle, placé au milieu du panneau supérieur, porte le nœud sur son cou. L'ameublement de cette pièce, de même que celui de toutes celles dont se composent les grands appartemens, est d'un luxe tout-à-fait royal.

Les deux pièces qui suivent, sont les cabinets de travail du Roi; leur décoration ne le cède en rien à celle des autres appartemens que nous avons décrits. Au plafond du premier, on verra un tableau sur toile, avec encadrement doré; il représente la Force et la Justice. Ce tableau, est l'œuvre du peintre Renaud. C'est dans ce même cabinet, à l'angle de la croisée de gauche, que l'empereur Napoléon, trahi par la fortune, et abandonné de la plupart des hommes qu'il avait élevés aux plus hautes dignités de l'Empire, signa, en 1814, son abdication.

La postérité viendra visiter avec vénération ces lieux, témoins de cet acte politique d'un si haut intérêt, et qui se trouve rappelé, par une inscription posée sous la table même où il écrivit, de sa propre main, les lignes qu'on pourra lire dans le *fac simile* placé par ordre du roi Louis-Philippe sur la console qui est entre les deux fenêtres.

De ces deux cabinets de travail du Roi, on passe (en traversant un couloir à gauche duquel sont les bains de Sa Majesté) dans une pièce qui est la quinzième, et qui sert de bureau à MM. les secrétaires du cabinet.

La seizième pièce, celle qui termine les appartemens royaux, est destinée aux huissiers qui font le service du cabinet. Là on remarquera une très belle horloge à neuf cadrans, surmontés d'un demi-cercle, représentant les signes du Zodiaque; celui du centre, qui peut servir de régulateur, marque les heures, les minutes et les secondes; les huit qui sont alentour marquent, celui d'en haut, les jours de la semaine avec les signes anciens; celui de dessous, les quatre saisons de l'année : les trois, à droite, marquent, l'un, le quantième du mois; le second, les jours de la semaine; et le troisième les quantièmes de la lune avec ses différentes phases : les trois qui sont à gauche indiquent, le premier, les mois de l'année avec la différence de leurs jours; le second, les années bissextiles ; et le troisième, le lever et le coucher du soleil.

On traverse ensuite la galerie de François Ier, et on arrive dans un vestibule, dont la principale entrée est sur l'escalier du Fer-à-Cheval ; à gauche, était le pavillon des Armes, où le maréchal Byron fut enfermé ; et à droite celui des Poêles.

Au-dessus de la porte d'entrée, qui est au haut de l'escalier du Fer-à-Cheval, on voit des trophées d'armes en gresserie, au milieu desquels était autrefois, dans une niche, le buste de Louis XIII, par Pilon ; les trois anciennes portes de ce vestibule ont été faites sous le règne de ce prince, ainsi que l'indiquent les chiffres et emblèmes qui y sont sculptés. Elles sont remarquables par leur masse, leur structure, et surtout par la perfection des sculptures qui les décorent. Le roi Louis-Philippe, pour donner de la régularité à cette pièce, y a fait pratiquer trois nouvelles ouvertures : l'une sur le côté des appartemens du roi, et les deux autres dans le mur qui la sépare de l'appartement du Prince Royal. Trois portes en chêne, copiées sur les premières, ferment ces ouvertures : ces portes sont l'ouvrage du sculpteur Lefèvre. Autour du plafond, une frise en relief et en plâtre a été ajoutée, ainsi que les autres ornemens. Cette frise porte le chiffre de tous les princes qui ont attaché leur nom au palais de Fontainebleau ; celui de Napoléon n'y est point oublié, et certes il avait droit d'y trouver sa place.

Le médaillon, en marbre noir, placé au-dessus de la porte de la tribune de la Chapelle, est entouré de sculptures avec des emblêmes analogues à la sainteté du lieu; on lisait autrefois, sur ce médaillon, une inscription semblable à celle qui était sur la porte du rez-de-chaussée, sous le Fer-à-Cheval : *Adorate Deum, deindè Regem.*

De ce vestibule on entre, par la porte à gauche, dans une nouvelle série d'appartemens, occupés jadis par les Reines-Mères; puis, sous Louis XVI, par Monsieur, comte de Provence, son frère.

Les constructions de cet immense corps-de-bâtiment sont du temps de François Ier, de Charles IX, et de Louis XIV, qui a fait élever le gros Pavillon à la place de celui qui donnait entrée à la galerie d'Ulysse. De grands poêles, établis sous François Ier, pour chauffer les pièces de ce bâtiment, lui avaient fait donner, d'abord, le nom de pavillon des Poêles, puis celui des Reines-Mères, lorsque Catherine de Médicis, trois fois régente du royaume, l'eut choisi pour son appartement.

La première pièce, en entrant, est une antichambre, qui, sous Louis XVI, avait été séparée en deux, dans la hauteur, pour former un entresol. Le roi Louis-Philippe l'a fait rétablir dans les proportions qu'elle a aujourd'hui. Le plafond y a été ajouté, et ce complément de décoration ne contribue pas peu à donner une haute idée des appartemens qu'on va parcourir.

La deuxième pièce est une salle de Billard dont le plafond est en caissons, avec des ornemens dorés et des peintures allégoriques en sali d'or : les boiseries sont en rapport avec ce plafond, que le chiffre entrelacé de Louis xvi et de Marie-Antoinette indique avoir été restauré sous le règne de ce prince ; il l'a été de nouveau en 1836.

La troisième pièce est le Salon, dont la décoration est à peu près pareille à celle de la salle de Billard ; le plafond est en compartimens avec des figures allégoriques, en relief, et les chiffres de Louis xiii et d'Anne d'Autriche, accompagnés de divers ornemens, le tout richement doré. La tapisserie est peut-être l'une des plus belles qui existent en ce genre : elle a été faite en Flandre, sur les dessins de Jules Romain, et représente le triomphe de tous les Dieux.

La quatrième pièce est faite pour exciter l'admiration, tant par la richesse de ses décors, que par le goût exquis qui a présidé à la composition des ornemens variés dont la réunion forme un ensemble parfait.

Cottelle, à qui la ville de Meaux a donné naissance, fut chargé, par Anne d'Autriche, de ne rien négliger pour donner à cette pièce toute la magnificence d'un boudoir royal. Le plafond, en caissons, formé de divers morceaux qui se séparent au besoin, est orné de peintures arabesques coloriées, remarquables par leur belle exécution ; les dessins en or et en couleur qui les accompagnent, sont d'une richesse et d'une élégance peu communes, et le lambris ainsi que les portes sont parfaitement en harmonie avec le plafond. Enfin, on peut dire que cette pièce est, parmi tant d'autres, une de celles qui excitent au plus haut degré l'admiration des artistes français et étrangers qui viennent visiter ce palais. Au-dessus de chaque porte d'entrée, sont les portraits d'Anne et de Marie-Thérèse d'Autriche.

C'est dans cette pièce, qui fut jadis la chambre à coucher des Reines-Mères, que le pape Pie VII disait tous les jours la messe, pendant le séjour qu'il a fait à Fontainebleau.

De là on passe successivement dans deux petits cabinets qui ont remplacé, dit-on, une grande salle de la même étendue, de la même hauteur que les précédentes. Les boiseries de ces deux pièces ont été dorées à l'occasion du mariage de Monseigneur le duc d'Orléans.

Le gros pavillon, qui est à la suite, contient, au même étage, trois belles pièces richement ornées. La première est la chambre nuptiale du prince Royal et de S. A. R. la princesse Hélène de Mecklembourg. Elle a été décorée et meublée pour cette grande circonstance par ordre du roi Louis-Philippe. Du salon, qui forme l'angle du bâtiment, la vue se développe sur la pièce d'eau de l'Étang et sur les nouveaux jardins. On découvre, même du balcon extérieur, la belle partie de forêt située depuis la montagne des Pins jusques et y compris le Mail de Henri IV : ces sites variés, ces arbres verts, qui font à l'automne un contraste si tranché avec la teinte jaunâtre de ceux qui commencent à se dépouiller de leurs feuilles, offrent à l'œil le spectacle d'une nature vraiment pittoresque. Toutes ces circonstances réunies font de ce salon l'habitation la plus jolie et la plus agréable du palais.

La troisième pièce est le salon des Aides-de-Camp, elle est remarquable par une ancienne et riche tapisserie des Gobelins, dont la conservation est parfaite. Dans ce salon on verra avec plaisir un joli meuble en tapisserie de Beauvais, sur lequel sont dessinés différens sujets militaires ainsi que des soldats portant de grotesques costumes, comme il y en avait autrefois dans l'armée.

De là on traverse la salle d'Attente, puis l'antichambre, et l'on arrive sur le palier du premier étage du gros pavillon, pour aller à couvert, soit dans les grands appartemens, soit dans ceux de l'aile neuve des Princes.

C'est dans l'appartement qui vient d'être décrit que fut logé l'empereur Charles-Quint lorsqu'il vint à Fontainebleau en 1539 ; c'est là qu'en 1660 se tint l'assemblée des Notables au sujet de la conjuration d'Amboise ; là, logea le pape Pie VII, quand il vint en France, à la fin de 1804, pour sacrer Napoléon ; et plus tard, le roi d'Espagne, Charles IV, lorsqu'il y passa, en 1808, pour se rendre à Compiègne. Ce sont ces vastes pièces qui ont servi de retraite, ou si l'on veut, de prison au vénérable Pie VII, depuis le 20 juin 1812 jusqu'au 23 janvier 1814. Enfin le 29 juin 1830, le roi des Deux-Siciles, François II, accompagné de la reine sa femme et d'une suite assez nombreuse, a occupé aussi le même appartement pendant les deux jours qu'il a passés à Fontainebleau, en retournant dans ses Etats.

PETITS APPARTEMENS.

Les principaux sont situés au-dessus des appartemens du Roi et tirent leur jour du jardin de l'Orangerie. Ils se divisent en deux parties; la première a son entrée par la cour Ovale, sous le péristyle du milieu, et se compose ainsi qu'il suit:

1° D'une antichambre adossée à l'ancienne galerie des Cerfs, où Monaldeschi fut sacrifié au ressentiment de Christine. 2° D'une grande chambre à coucher. 3° D'un salon très vaste et très beau, parfaitement meublé sous l'Empire, en étoffe de soie jaune, ce qui l'a fait nommer le salon Jaune. 4° De deux petites pièces, dont une salle de bains et un salon de service. 5° D'une chambre à coucher, dont l'ameublement est d'une richesse peu commune. 6° Et d'un salon d'étude, de forme octogone, meublé avec autant d'élégance que les autres pièces; c'est l'appartement de S. A. R. la princesse Clémentine, fille du Roi.

La seconde partie de ces petits appartemens, qui se communiquent, a son entrée principale dans la cour du Cheval-Blanc, sous l'escalier du Fer-à-Cheval; elle se compose de six pièces très élégamment meublées, avec divers cabinets; c'est l'appartement de S. A. R. Madame, sœur du Roi.

Entre cette file de salons et de chambres se trouve la Bibliothèque particulière du Roi, située au-dessous de l'appartement du monarque, et dans laquelle il descend par un escalier rond construit sous l'Empire : cette bibliothèque contient environ cinq mille volumes choisis; ce sont à-peu-près les mêmes ouvrages que Napoléon y avait fait placer, c'est là qu'il passait la plus grande partie de son temps quand il venait à Fontainebleau : aussi, les trois pièces qui y sont contiguës ont-elles conservé le nom de Cabinet Topographique, parce que les cartes sur lesquelles il traçait ses vastes plans de campagne y étaient étalées sur des tables faites exprès.

L'espace occupé par l'aile neuve des Princes se

divise en deux parties, coupées par le pavillon du milieu. La première, comme nous l'avons déjà dit, a été rétablie et meublée sous l'empire; elle a été habitée par LL. MM. le Roi et la Reine des Belges, à l'époque du mariage du Prince Royal. La seconde, qui se prolonge jusqu'à la grande grille de la cour du Cheval-Blanc, a été occupée par l'École Militaire depuis l'année 1804 (5 février) jusqu'en 1808 (1er juillet), que cet établissement a été transféré à Saint-Cyr; cette partie du Palais n'est pas encore restaurée.

Le bâtiment en face se nomme l'aile des Ministres, parce que, depuis François Ier, sous le règne duquel il a été construit, les secrétaires d'État y ont toujours logé; il se compose d'appartemens très-confortables et bien meublés. Sur le linteau, en pierre, de l'ancienne boîte aux lettres, on lit cette inscription : Bvreav des Postes dv Roy, 1551. Ce linteau est à gauche, après la deuxième porte en entrant par la grande grille.

Parmi les petits appartemens, on peut encore comprendre le pavillon des Dauphins, à la suite des chapelles Haute et Basse. C'est une construction de Henri IV, destinée au logement de son fils, qui régna sous le nom de Louis XIII. S. M. Louis-Philippe l'a fait rétablir et disposer d'une manière plus convenable, car, depuis l'époque où elle fut élevé, on y avait fait des changemens mal calculés pour y loger une partie du personnel du Palais.

Le bâtiment parallèle a été construit sous

Charles IX et exhaussé sous Henri IV, comme l'indique le chiffre de ce prince. Les appartemens du rez-de-chaussée et ceux du premier étage, depuis Louis XIV, qui les avait attribués à Philippe, duc d'Orléans, son frère, jusqu'à Louis XVI, ont été ceux de Monsieur.

A cette époque, le pavillon du Grand-Maître de la maison du Roi, qui était à l'angle du parterre du côté des Grandes-Écuries, tombant en ruines, le prince de Condé et le duc de Bourbon vinrent habiter l'intérieur du Palais. Le Roi leur donna l'appartement dont nous parlons ; lequel a été occupé, sous l'Empire, par la mère de Napoléon, et par son beau-frère, le prince Murat. Cet appartement vient de subir d'importantes modifications résultant :

1° De l'ouverture d'un couloir, correspondant avec celui qui a été établi en 1836, dans la cour des Princes. 2° D'un percement rapproché de la rampe qui conduit à la galerie de Diane et aux étages supérieurs, de manière qu'on peut se rendre directement dans toutes ces parties du Palais sans être obligé de traverser le pallier de l'escalier de la Reine, ainsi que l'antichambre de l'appartement de S. M. C'est le Roi Louis-Philippe qui a fait opérer ces changemens. Il a ordonné en même tems que les tableaux des chasses de Louis XV, par Oudry, qui ornent deux grandes pièces de cet appartement, fussent richement encadrés ; jusques-là, ils étaient restés attachés au mur, sans aucune décoration.

C'est encore le Roi des Français qui, en ce moment, fait orner l'escalier de la Reine d'un magnifique plafond, de tableaux et de décors, qui vont faire de cet intérieur de cage, resté nu jusqu'à ce jour, une des belles choses du palais, et parfaitement en rapport avec tous les objets d'art qui existent dans ce vaste monument.

A la suite de ces deux appartemens, et tout autour de la cour des Princes, dont la construction est du temps de Henri IV, il en existe une foule d'autres, parfaitement bien meublés, et destinés aux grands dignitaires qui accompagnent ordinairement le Roi dans ses voyages, ainsi qu'aux principaux officiers de la Maison de S. M. La reine Christine de Suède, fut logée dans le bâtiment qui est au fond de cette cour, du côté du nord. Alors on la nommait cour de la Conciergerie. Elle n'avait pas à beaucoup près la forme que nous lui voyons aujourd'hui, et qu'elle doit à la nouvelle façade qui a été construite en 1836 pour ouvrir un couloir intérieur sur toute la partie droite et aux extrémités. Par ce moyen, cette cour, autrefois irrégulière, a aujourd'hui une forme plus agréable à la vue, en même temps que la nouvelle construction offre un grand avantage pour la circulation qui se fait à couvert. Des appartemens commodes, élégans et parfaitement meublés, ont été, d'après cela, disposés au rez-de-chaussée, au premier, ainsi qu'au second étage.

Il serait trop long d'entrer dans tous les détails dont le château de Fontainebleau offre un ensemble si vaste et si varié, je me bornerai donc à récapituler ici les principales additions et restaurations dues à S. M. le roi Louis-Philippe et exécutées depuis 1833 jusqu'à ce jour.

1° La magnifique salle de Henri II, complètement restaurée dans ses fresques, son plafond et ses lambris, avec addition d'un riche parquet en marqueterie et de lustres d'une grande beauté.

2° La salle d'Attente ou de Louis-Philippe, entièrement nouvelle.

3° La restauration de la chapelle de Saint-Saturnin, enrichie de magnifiques vitraux de couleur.

4° Celle de la porte Dorée, où les fresques ont reparu telles qu'elles furent sous François Ier.

5° Celle de l'Escalier du Roi, où la décoration a été augmentée de plus de moitié.

6° La salle des Gardes, dont le plafond et la frise ont été restaurés, le reste de la décoration, ainsi que le beau parquet en marqueterie ont été ajoutés.

7° La restauration et l'embellissement du ci-devant salon du Buffet.

8° Celle de la salle Saint-Louis où le Henri IV à cheval de Jacquet a été placé.

9° Celle du magnifique salon de Louis XIII.

10° Celle du salon de François Ier qui est à la suite.

11° Celle du salon Bleu dont le plafond et les lambris sont entièrement neufs.

12° L'ancien cabinet de Clorinde, qui avait été transformé en chambres de domestiques, a été métamorphosé en un superbe salon décoré comme au temps de Louis xv.

13° Le pavillon de Noailles repris en sous-œuvre et rétabli sous une autre forme.

14° De nouvelles dispositions dans le pavillon du Tybre nécessitées par les dégagemens qui ont été faits au rez-de-chaussée.

15° L'ouverture d'un passage souterrain de la cour des Cuisines à la cour Ovale et à celle des Princes, ainsi que de pièces souterraines sous la chapelle de Saint-Saturnin et la salle d'Attente, pour les assainir et les rendre moins humides.

16° L'antichambre des grands appartemens, au-dessus du Fer-à-Cheval entièrement restauré, avec augmentation d'ornemens au plafond et de trois portes copiées sur les anciennes.

17° L'établissement des grilles qui ferment les anciens Fossés et de celles placées à la descente du Parterre, le long des deux corps-de-garde récemment construits.

18° Celui d'une cour fermée par une grille pour séparer le bâtiment de la porte Dorée du parterre et de l'avenue de Maintenon.

19° La restauration de la façade du Jeu de Paume dans le jardin du Roi.

20° La construction d'une façade élevée sur l'ancienne terrasse, à la suite du pavillon des Poêles, au moyen de laquelle il y a actuellement communication extérieure et à couvert des grands appartemens au gros pavillon, à l'aile neuve des Princes.

21° Dans les grands appartemens, au rez-de-chaussée et au premier étage, côté de la cour Ovale, deux grandes pièces carrées servant d'antichambres, étaient masquées par d'énormes colonnes d'un mauvais goût; elles ont été détruites, et de fortes poutres en fer ont été posées dans les deux principaux étages pour soutenir la masse imposante des bâtimens qui occupent ce point du palais.

22° Dans la cour Ovale, le gracieux pérystile qui précède les deux pièces dont il vient d'être fait mention, était menacé d'une ruine prochaine il a été restauré et rajeuni.

23° Depuis le rez-de-chaussée jusqu'au cinquième étage, tous les appartemens qui composent le gros pavillon, immense construction attenant à l'aile neuve des Princes, ont reçu une distribution nouvelle, en même temps qu'ils ont été entièrement restaurés. Au rez-de-chaussée, une cuisine, une office et quelques pièces tout-à-fait inutiles pour le service, ont été transformées en chambres et cabinets bien décorés, d'autant plus agréables qu'ils tirent leur jour du jardin Anglais.

24° Sur la place d'Armes, à la suite du vaste bâtiment de la cour des Cuisines, une nouvelle grille d'entrée, appuyée sur des pilastres dont l'architecture se raccorde avec celle des constructions auxquelles ils se lient, a été établie pour que le public pût entrer dans le parterre et dans le parc, sans traverser les cours du Château.

25° Au milieu des embellissemens et des améliorations que le palais de Fontainebleau reçoit de jour en jour depuis cinq ans, l'*ameublement* n'a point été négligé. Outre que tous les moyens sont employés pour l'approprier au caractère particulier des nombreuses pièces dont il se compose, on peut dire qu'il a été doublé en nombre et en valeur : à chaque voyage de la famille royale il y a augmentation, en sorte qu'aujourd'hui cette magnifique habitation peut recevoir convenablement et même d'une manière tout-à-fait confortable, 150 à 170 maîtres, 1,000 à 1,200 personnes de suite, 500 chevaux et plus de 80 voitures.

26° Enfin, la sollicitude du Roi s'est portée aussi au dehors. Une fontaine destinée au service des habitans de la ville, a été construite sur la place d'Armes et sera d'une grande utilité pour Fontainebleau, qui jusqu'alors n'en possédait pas une seule. Les quatre sphynx, placés autrefois de chaque côté des deux issues du parterre au parc, en font la principale décoration.

Mais revenons au palais et terminons par quelques mots sur son étendue : pour en donner une idée, il suffira de dire que la toiture seule présente une surface d'environ soixante-dix mille mètres carrés ; qu'à l'exception de la deuxième partie de l'Aile neuve des Princes, qui n'est pas encore réparée, tout le reste est meublé. Il renferme près de trois cents tableaux, la plupart de bons maîtres : ils sont disséminés dans les divers appartemens, mais, comme on les change souvent de place, nous avons cru inutile d'en insérer ici le catalogue ; d'ailleurs, une carte, sur laquelle est inscrit le nom de l'auteur ainsi que l'indication du sujet, est placée sur l'encadrement inférieur de chacun d'eux. Il s'y trouve aussi plusieurs bustes en marbre et en bronze, ainsi qu'un bon nombre de belles gravures, exécutées d'après les tableaux du Musée royal.

VI.

DES JARDINS.

—

Tout est grand et majestueux dans le Palais de Fontainebleau; tout y annonce la demeure des Rois : les Jardins eux-mêmes ne le cèdent en rien aux Appartemens, tant par leur étendue et la position qu'ils occupent dans ce vaste domaine, que par l'ordre et la symétrie qui y règnent.

Leur établissement a dû coûter bien des travaux et des peines, quand on pense qu'ils ont été formés sur des bancs de sable. Aussi, du temps de Henri IV encore, ils étaient dans un état complet de stérilité, si l'on peut en juger par l'anecdote suivante, tirée des Mémoires pour servir à l'Histoire de France. « Le Roi, se promenant un jour dans « ses jardins de Fontainebleau, en compagnie du « duc d'Épernon, rencontra un jardinier avec le- « quel il se mit à converser. Ce prince, lui témoi- « gnant son mécontentement de voir ses jardins « et parterres si mal garnis d'arbustes et de fleurs, « Sire, lui dit le bonhomme, je ne puis rien faire « venir dans ce terrain-là. — Semes-y des Gas- « cons, dit malicieusement le Roi en regardant le « duc d'Épernon; ils viennent partout. »

Les Jardins sont au nombre de trois : celui du *Roi*, autrefois dit de l'*Orangerie*, le *Parterre* et le *Jardin Anglais*.

JARDIN PARTICULIER DU ROI.

Son origine remonte au temps de François Ier. A cette époque, il se nommait *Jardin des Buis*, parce qu'on en avait planté autour des carrés pour servir de bordures.

Henri IV fit construire, au fond de ce jardin, un grand bâtiment qui le fermait du côté des Fossés, et dans lequel on établit une volière où furent mis les oiseaux les plus rares qu'on pût se procurer. Cette volière fut supprimée sous Louis XIII, et remplacée par une Orangerie qui a donné son nom au jardin : elle fut brûlée en 1702, rétablie ensuite et incendiée de nouveau pendant l'hiver rigoureux de 1789. Les ruines, conservées jusqu'en 1834, ont disparu par suite des travaux que le Roi des Français a fait exécuter pour donner a ce Jardin une plus grande étendue, en y réunissant le terrain des Mathurins et celui de l'hôtel de la Chancellerie, bâtiment en mauvais état, démoli à la même époque.

Le jardin de l'Orangerie, qui se trouve en face des Appartemens du Roi, est borné par eux au levant; au nord par la galerie de Diane; et au midi par la chapelle de la Sainte-Trinité, le Pavillon des Aumôniers et le Jeu de Paume, le long duquel il se développe sur l'emplacement de l'ancienne galerie des Chevreuils que le temps avait amenée au dernier degré de détérioration.

On l'a quelquefois nommé *Jardin de Diane*, à cause d'un bassin en grès, au milieu duquel s'élevait une statue en bronze de cette déesse, en costume de chasse, la même que nous voyons aujourd'hui.

La fontaine de Diane n'était plus au commencement de l'Empire qu'un monceau de ruines : la statue avait été enlevée pendant la Révolution et portée au Musée national avec toutes celles qui décoraient les Jardins du Palais. Napoléon la fit rétablir, et, sur l'emplacement de l'ancien bassin, on en creusa un nouveau de forme circulaire, avec quatre larges gradins en marbre blanc. Le gradin supérieur a trente-quatre pieds de diamètre, et le quatrième, qui entoure les eaux, n'en a que dix-neuf.

Au milieu du bassin, sur un socle carré, en marbre blanc, dont les quatre faces sont ornées de têtes de cerfs en bronze, d'où l'eau jaillit, s'élève un piédestal sur lequel est placée la statue de Diane. Une balustrade, en fer doré, coupée par douze piédestaux, aussi de marbre blanc, supportant des vases de forme antique, règne sur tout le pourtour du bassin, et le ferme entièrement.

Les bâtimens à droite et à gauche sont d'une architecture remarquable par la variété de ses tons, et les différentes époques auxquelles elle appartient. On doit signaler ici un petit portique dont les sculptures sont d'un goût exquis et remontent au temps de la renaissance. Il est entre la Chapelle et le pavillon des Aumôniers : c'était autrefois la décoration d'une porte qui conduisait du Jardin derrière l'autel, et qui a été supprimée. Deux cariatides égyptiennes, en gresserie, supportent une corniche, surmontée de chaque côté d'un groupe de deux anges, ayant entre leurs mains la lettre F. Les connaisseurs regardent ce portique comme l'un des beaux débris qui nous restent de ces temps déjà loin de nous, et si remarquables par le développement du génie français, auquel François Ier donna une impulsion extraordinaire.

Le Jardin de l'Orangerie est un jardin paysagiste. Son étendue a été plus que doublée par les adjonctions dont nous avons parlé plus haut; elle va encore être augmentée par l'acquisition qu'a faite le Roi Louis-Philippe des maisons qui l'entourent, depuis la place des Fossés jusqu'en face de la rue Richelieu, acquisitions qui ne s'élèvent pas à moins de trois cent mille francs. Projet admirable, puisqu'il aura l'avantage d'isoler le Palais et de le débarrasser des masures qui en masquaient la vue.

PARTERRE.

Les quatre angles du Parterre étaient jadis flanqués de quatre pavillons, réduits aujourd'hui à deux. Il est de forme presqué carrée et se nommait primitivement le *Jardin du Roi*, parce que François Ier, qui l'avait fait dessiner et planter, se l'était reservé et s'y promenait souvent.

A cette époque c'était un terre-plein, avec des carrés d'arbres et d'arbrisseaux divers, sur lequel on planait d'une large terrasse qui partait de la chapelle Haute, et aboutissait au pavillon du Grand-Chambellan, en longeant le terrain sur lequel la cour des Cuisines a été bâtie depuis.

Henri IV fit changer entièrement le dessin de ce jardin : la terrasse fut d'abord supprimée; quatre grands carrés furent établis ; une fontaine fut construite au milieu de chacun d'eux, et une dans le centre avec un rocher, sur lequel était représenté le Tibre, sous la figure d'un homme tenant dans sa main une corne d'abondance; à côté étaient les figures de Romulus et de Rémus allaités par une louve : l'eau jaillisssait autour de ce groupe de bronze, qui faisait le plus grand effet.

Mais sous le règne de Louis XIV, toutes les fontaines, ouvrage de l'italien Francini, disparurent, et le parterre prit une forme nouvelle. Le célèbre Lenôtre fut envoyé à Fontainebleau, et fit exécuter le plan d'un jardin, dans le genre dont il était lui-même le créateur. Alors la terrasse qui règne autour du parterre fut faite, ainsi que quatre grands escaliers pour en descendre, et la partie basse fut divisée en quatre compartimens égaux. La pièce d'eau du milieu fut creusée, les bords revêtus de gresserie, et un rocher rustique surmonté d'un champignon et de quatre bassins en coquilles, fut élevé au centre à la hauteur de quinze pieds : l'eau sortait du sommet en bouillonnant, retombait en cascade sur les coquilles, et inondait à grand bruit tout le rocher. A peu près détruit en 1817, ce rocher a été remplacé par la *vasque* que nous voyons aujourd'hui.

Le bassin rond, qui est en face au-dessus de la terrasse, fut creusé à la même époque, et le groupe de Romulus et de Rémus fut élevé au milieu sur un piédestal. Ce groupe, qui avait orné la fontaine du Tibre, a été enlevé pendant la révolution de 1793, et a probablement servi, comme tant d'autres statues en bronze, à fabriquer des instrumens de guerre.

Quand tous les travaux du parterre furent terminés, on le ferma, du côté de la Forêt, par la pièce d'eau à laquelle on a donné le nom de *Bréau*. Ce jardin est donc encore aujourd'hui à peu près ce qu'il fut sous Louis XIV. Son ordonnance fait honneur au talent et au bon goût de Lenôtre, et rappelle toutes les belles choses qu'il a faites à Versailles.

JARDIN ANGLAIS.

Sous ce titre, nous indiquons ce vaste Jardin qui est entre la pièce d'eau dite l'Étang, et les routes de Nemours et de Moret. Dessiné et planté sous l'Empire, dans le genre des jardins anglais, il a remplacé plusieurs bâtimens qui avaient déjà disparu, tel que le vieux Chenil, etc., et un grand nombre de jardins qui avaient fait donner à cet ensemble le nom de *Petits-Jardins*, et dont le plus considérable était celui des Pins, à cause des arbres de cette essence qu'on y avait plantés. C'est feu M. Heurtaut, membre de l'Institut et architecte de Napoléon, à Fontainebleau, qui a tracé le plan du jardin Anglais, et l'a fait entièrement exécuter pendant les années 1809, 1810, 1811 et 1812.

Tout le terrain que comprend ce jardin paysagiste, fut acheté, avec l'étang, par François Ier, des religieux Mathurins, à la même époque qu'il acquit la cour du Cheval-Blanc et ses dépendances. C'est lui qui fit construire cette grande aile de bâtimens, qui du gros pavillon s'étend jusque sur la route de Nemours. C'est lui aussi qui fit planter le jardin des Pins dans toute la longueur de l'aile, et bâtir la grotte dont nous voyons encore aujourd'hui les restes dans le passage conduisant à la cour des Cuisines des Princes. Cette grotte, discrète confidente des amours de François Ier et de la duchesse de Valentinois, ne consiste plus qu'en quatre figures termes, de grès brut, posées deux à deux de chaque côté de la porte d'entrée. Dans l'intérieur, on voit encore quelque débris de rocailles et de cristaux de roche, ainsi que quelques vestiges de peintures à fresque, tels que des poissons, etc. C'était la salle de bains de François Ier et de sa maîtresse ; car, outre les ornemens qui la décoraient, on y avait construit deux fontaines qui versaient de l'eau dans deux bassins bordés de cristal. Cette grotte a donné lieu à diverses anecdotes scandaleuses et notamment à une conversation que madame de Villedieu, dans ses annales galantes, raconte assez plaisamment, et qui ferait croire que ces bains n'étaient pas seulement destinés au service du monarque et de sa maîtresse, mais que d'autres personnes de la cour s'y baignaient également, et n'y étaient pas enveloppées du mystère que les dames, en général, tiennent à mettre dans cette partie de leur toilette ; car, d'une niche pratiquée dans la rocaille, et dont l'ouverture imperceptible était en face d'un miroir, on pouvait les voir et les entendre sans être aperçu.

Les différens jardins qui avaient été établis dans le vaste terrain sur lequel a été planté celui que nous voyons actuellement, furent supprimés sous Louis XIV. Des bosquets bien disposés furent établis, et des ruisseaux d'eau courante furent creusés ; mais ces dispositions, dues au génie de Lenôtre, et exécutées sur ses plans, ne durèrent pas long-temps. On négligea d'entretenir ce jardin d'un nouveau genre, en sorte que sous l'Empire il ressemblait à ces parties agrestes de la forêt, où la main de l'homme n'a pas passé depuis long-temps.

Napoléon le fit alors dessiner et planter dans le goût moderne, et dépensa des sommes considérables pour le mettre en harmonie avec le riche domaine dont il fait partie.

La fontaine qui a donné son nom au palais, et ensuite à la ville, était située à peu près dans le centre du jardin. François Ier l'avait fait couvrir en maçonnerie, et avait fait peindre à fresque, sur la voûte, l'histoire peu croyable d'un chien nommé *Bléau*, qui, étant venu y boire et s'y reposer après une longue chasse, l'avait fait découvrir. Sous Henri IV, ce petit bâtiment fut rasé et remplacé par une épaisse charmille, qui dura long-temps. On prétend que c'est la fontaine de *Bléau* ou *Belle-Eau*, qui a inspiré à Malesherbe, le quatrain suivant :

>Vois-tu, Passant, couler cette onde
>Et s'écouler incontinent ?
>Ainsi fuit la gloire du monde,
>Et rien que Dieu n'est permanent. »

A l'est du jardin Anglais sont deux bâtimens considérables qui le coupent en deux, de ce côté-là. Le premier a été construit sous Louis XV, pour loger les chevaux d'attelage du roi et ses voitures ; il se nomme le Carrousel. Le deuxième est le Manége, que l'administration de la guerre a fait élever, en 1807, pour le service de l'École-Militaire.

La contenance totale du jardin est de trente-trois arpens vingt-cinq perches ; celle de la pièce d'eau dite de l'Étang est de neuf arpens cinquante-cinq perches.

Cette belle pièce d'eau, qui n'était qu'un cloaque quand François Ier l'acquit, en décembre 1529, des religieux Trinitaires dits Mathurins, fut, par les ordres de ce prince, creusée et renfermée presqu'entièrement dans un cadre de gresserie. Un pavillon, destiné à servir de réduit pour prendre le frais, ou pour se récréer à la pêche, fut construit au centre ; ce pavillon, de forme polygonale, porté sur un tertre en gresserie à terrasse circulaire, se compose de huit pilastres d'ordre dorique, entre chacun desquels est ouverte une large et haute croisée en forme d'arc. On y aborde sur la partie de terrasse, qui est de forme elliptique, et entourée comme tout le reste, d'une grille en fer.

Dans son origine, ce pavillon était surmonté d'une plate-forme avec une rampe en pierre. On y montait par une espèce de tourelle qui s'élevait à quelques pieds au-dessus.

Sous Louis XIV, la rampe de pierre fut remplacée par une grille en fer ; enfin, sous Napoléon, la plate-forme supérieure fut supprimée, ainsi que la tourelle : on rétablit alors ce pavillon tel qu'on le voit aujourd'hui. L'intérieur fut orné de peintures représentant des oiseaux de différentes espèces, et des guirlandes de feuillage, de fruits et de fleurs; le tout encadré de baguettes et de filets d'or qui en font ressortir l'effet.

Depuis cette grande époque, le pavillon de l'Etang, faute d'avoir été entretenu, menaçait ruine de nouveau. Le roi Louis-Philippe, dans les premiers jours de 1834, en a ordonné la restauration. La terrasse a été rétablie d'une manière très solide et promet une longue durée. Dans l'intérieur, les boiseries étaient vermoulues et les peintures en grande partie effacées. Sur les pilastres et dans les chambranles des croisées, ainsi qu'au plafond, les arabesques si remarquables par le bon goût qui a présidé à leur composition, les oiseaux et les insectes en coloris, qu'au premier coup-d'œil on croirait être pleins de vie, ont reparu sous le pinceau léger de M. Mœnch qui s'est appliqué à leur rendre tout leur éclat, et a réussi à leur conserver le caractère de leur époque. C'est un hommage que ce peintre décorateur aura rendu à son père, que Napoléon avait chargé d'orner le plus élégamment possible ce joli pavillon qui faisait ses délices.

VII.

DU PARC.

—

Après François Ier, le roi de France qui a fait le plus d'acquisitions et de constructions à Fontainebleau, est sans contredit Henri IV. En 1609, il acheta la seigneurie du Monceau, ainsi que plusieurs terrains qui y étaient contigus : de cette réunion de propriétés, il forma le Parc et le fit entourer de murailles. Des plantations d'arbres de différentes espèces y furent exécutées d'après un plan qu'il approuva ; le Canal, cette belle pièce d'eau de onze cent quarante mètres cent soixante-seize millimètres de long (cinq cent quatre-vingt-cinq toises), sur trente-huit mètres neuf cent quatre-vingt-un millimètres (vingt toises) de large, fut creusé, ainsi que d'autres pièces d'eau dont il ne reste plus que celle dite le *Miroir,* à cause de sa forme. Des routes furent percées sur divers points, et entourées, de chaque côté, d'une rangée d'arbres.

Louis xiv fit faire des améliorations et des embellissemens dans le Parc. En l'an 1661, cinq bassins, de diverses grandeurs et figures, furent établis dans la grande prairie à gauche du canal. Ces bassins étaient alimentés par des eaux amenées des hauteurs de Samois et de la Magdelaine, dans des tuyaux de fonte qui ont été détruits, ce qui a forcé de faire disparaître les bassins.

A droite du canal, était un bâtiment, dit la *Héronnière,* que François Ier avait fait construire pour élever des hérons : tombé en ruines, il fut abandonné sous le règne de Louis xiv, par le grand-fauconnier, qui transporta son service à l'*hôtel de la Coudre,* situé dans la rue de ce nom, et dont l'acquisition datait, comme celle de tout le terrain du Parc, des premières années du règne de Henri iv. Mais comme l'emplacement n'était pas assez étendu pour y élever des hérons, un grand bâtiment, en forme de carré long, fut construit au-dessous de l'ancien, en face de la grande porte : il occupait tout le terrain qui est entre le canal et cette porte. Ce bâtiment a été détruit en 1795, et remplacé par un manége découvert, entouré de deux rangées de tilleuls. Les anciennes constructions de la Héronnière furent rasées; les bâtimens que nous voyons aujourd'hui s'élevèrent et furent affectés au service du grand-écuyer; voilà pourquoi, à cette époque, on leur a donné le nom de *Grandes-Écuries du Roi*. Elles peuvent contenir plus de trois cents chevaux.

Le principal corps-de-logis est composé d'un bel appartement au premier étage, et de logemens très convenables au rez-de-chaussée et aux étages supérieurs; ils sont tous très bien meublés, et occupés, pendant les voyages du Roi, par le premier écuyer, les officiers et gens de son service.

Le mur nord du Parc est recouvert d'une très-belle Treille, qui produit du raisin excellent; elle fut plantée, à ce qu'il paraît, sous le règne de Louis XV : sa longueur est de sept cent deux toises, et, dans toute son étendue, elle est bornée par un espalier : elle produit ordinairement de 6,000 à 7,000 livres de chasselas, dont le plus beau est servi à la table du Roi pendant tous les mois d'automne.

Plusieurs entrées conduisent au Parc; on y descend du Parterre, par deux rampes d'une belle maçonnerie en grès, que ferment deux grilles en fer. Entre ces deux grilles, est la Cascade, commencée sous Henri IV, continuée sous Louis XVI, détruite ensuite, puis rétablie en 1812. Cette cascade, objet monumental, n'est pas encore arrivée au point de pouvoir porter vraiment ce nom, car il n'y a qu'une seule chûte d'eau indispensable pour conduire dans le Canal les eaux de l'Étang et du Parterre. En attendant, c'est une fort belle chose, produisant le plus grand effet, et bien placée comme point de séparation des deux jardins, à l'embellissement desquels elle contribue pour beaucoup.

Le Parc, non compris le canal, contient environ cent soixante arpens; et cette belle pièce d'eau, huit arpens quatre-vingt-cinq perches.

Bassompierre, dans ses Mémoires, rapporte que Henri IV paria, contre lui, mille écus, que le canal serait plein d'eau en deux jours, et qu'il perdit le pari, car il ne le fut pas en huit.

Pendant le court séjour que le roi d'Espagne, Charles IV fit à Fontainebleau en 1808, il y eut une chasse au cerf dans le parc du palais : le Roi seul était armé, seul il devait tirer. Au premier coup, il manqua le cerf à une belle partie; se retournant vers l'agent forestier qui l'accompagnait (c'était l'inspecteur actuel de la forêt de Compiègne). « J'ai bien mal ajusté, n'est-ce pas, lui dit-il : cependant, sire, répondit M. le baron Larminat, on dit que votre majesté tire à merveille : ah! je n'en sais rien, répliqua le roi détrôné, je n'ai jamais chassé avec personne, c'est d'étiquette en Espagne, et en général on ne peut juger que par comparaison.

VIII.

DE LA FORÊT.

—

Cette vaste Forêt, si remarquable par ses sites variés et ses masses extraordinaires de rochers, présente une étendue superficielle de dix-neuf mille sept cent quatre-vingt-seize hectares, en y comprenant à peu près 2,912 hectares de bois réunis, qui sont situés de l'autre côté de la Seine, sur la rive droite de ce fleuve ; ce qui réduit la contenance de la Forêt de Fontainebleau, proprement dite, à environ trente-trois mille sept cent soixante-huit arpens.

Il est hors de doute que la forêt de Fontainebleau était connue sous le nom de Bière, *Bieria*, dès le xie siècle; plusieurs chartes de Louis vii et de Philippe-Auguste, son fils et son successeur, l'établissent d'une manière incontestable. On peut citer celle de 1197, d'après laquelle l'ermitage de Franchard fut concédé aux religieux de Saint-Euverte d'Orléans, pour y entretenir, à perpétuité, deux prêtres de cette congrégation. Cette charte fut donnée à Moret, ce qui prouve que cette petite ville, à deux lieues de Fontainebleau sur la route de Sens, existait déjà à cette époque, et avait même une certaine importance.

Mais ce qui est encore enseveli dans la nuit des temps, c'est l'étymologie du mot *Bieria*. Certains auteurs prétendent que c'était le nom de la contrée, et qu'il lui venait d'un guerrier danois nommé Bier, qui, après avoir parcouru avec son armée de Barbares, la Haute-Normandie, et laissé partout des traces de sang et de pillage, s'était présenté devant Paris; que, repoussé par le courage et l'énergie de ses habitans, il était venu camper dans la plaine qui est entre Melun et la forêt de Fontainebleau, près du village actuel de Donnemarie. D'autres, adoptant à peu près la même version, font dériver *Bieria* du mot allemand *Baar*, qui veut dire *Civière* (dont on a fait le mot français *Bière*), faisant ainsi allusion aux sanguinaires exactions commises par le cruel Bier, et sa troupe de bandits, contre les habitans de la contrée à qui cette forêt servit de tombeau.

La Forêt de Fontainebleau est bornée, à l'ouest, par la Seine; au midi, par la rivière du Loing et le canal de Briare. Son périmètre, de vingt-cinq lieues et d'une forme presque circulaire, est tracé par mille cinquante bornes qui la séparent des propriétés riveraines. Ces bornes y ont été placées, en 1665, par les soins de M. Barillon d'Amoncourt, grand-maître des eaux et forêts, chargé de la réformation générale dans les départemens de l'Ile-de-France, la Brie, le Perche, la Picardie et les Pays reconquis.

Connue autrefois, comme je viens de le dire, sous le nom de Bière, *Bieria*, dont l'étymologie est aussi douteuse que celle de Fontainebleau, cette forêt est fort peu citée dans l'histoire des Rois de la seconde race, et ne commence à avoir de l'importance que sous le règne de Henri IV. C'est à cette époque que la *Route-Ronde* fut établie et qu'on y plaça, à des distances déterminées, un grand nombre de croix, réduites aujourd'hui à neuf principales, donnant leur nom à autant de cantons divisés en triages.

L'immense quantité de collines de cette Forêt, les plaines de genêts et de bruyères qui la couvraient, ainsi que de vieilles et sombres futaies, laissées en quelque sorte dans un état sauvage, lui donnaient alors l'aspect le plus pittoresque et le plus imposant: voilà pourquoi le Roi Chevalier, qui l'affectionnait et l'avait spécialement consacrée aux plaisirs de la chasse, l'appelait *ses délicieuses solitudes.*

Malgré les chaînes de rochers qu'elle renferme et qui la traversent de l'est à l'ouest, sa circulation n'en est pas moins très praticable; et les routes nombreuses qui y ont été percées pour le service des chasses, en rendent la promenade facile et agréable.

Sur des bancs de rochers, recouverts de quelques pouces de sable mêlé de terre de bruyère, et dans des parties de terrain rocailleux, on voit cependant s'élever des arbres de différentes espèces, mais dont la végétation est lente et pénible; d'autres portions, mieux boisées, sont assises sur d'épais bancs de sable, et les bois y sont d'une belle venue. En général, les productions de la forêt de Fontainebleau sont aussi variées que le sol même, dont la nature change à tout moment; aussi, à côté d'un terrain qui offre la plus vigoureuse végétation, voit-on souvent se confondre, pour ainsi dire, avec lui, un sol d'une médiocrité frappante et quelquefois d'un appauvrissement complet.

Les usages concédés par les rois de France, depuis Philippe-le-Bel, à dix-sept communes environnantes, les coupes considérables faites dans les hivers de 1793 et 1794 pour l'approvisionnement de Paris, ainsi que les immenses dégâts occasionnés par les bêtes fauves qui la peuplèrent jusqu'à la révolution de 1830, tout cela a dû nuire au développement de la richesse de la forêt de Fontainebleau. Cependant, on remarquera encore, avec satisfaction, quelques précieux restes de très vieilles futaies, telles que les *Ventes-à-la-Reine*, les *Erables* et le *Déluge*, la *Mare-aux-Evées*, le *Bas-Bréau*, la *Tillas*, et beaucoup d'autres parties morcelées et moins considérables.

Rien de plus extraordinaire que la grande variété d'arbres qui composent cette forêt historique; rien de plus étonnant que de voir, sur tous ses points, ces nombreux accidens de terrain et ces vieux chênes épars qui ornent encore la crête de quelques rochers aussi anciens que le monde, et lui donnent le caractère d'une nature irrégulière qui en fait l'un des plus riches paysages de la France; voilà pourquoi, dans la saison d'automne, à cette époque où les bois perdent leur uniformité de ton, les peintres viennent y choisir les heureux effets que cette belle nature développe à leurs yeux, et recueillir des études dont la source est inépuisable.

C'est en gardant les vaches de son maître, dans la forêt de Fontainebleau, qu'un jeune pâtre, dont l'originalité a été si bien rappelée dans le *Peintre au cabaret*, jolie petite pièce jouée en octobre 1809; c'est là, dis-je, que Lantara puisa le goût, et apprit les premières notions d'un art dans lequel il excella, et qui l'eût conduit à la fortune au lieu d'aller mourir à l'hôpital, s'il eût eu le bonheur de recevoir une éducation dont malheureusement les avantages lui manquèrent.

A la fin du règne de Louis XIII et au commencement de celui de Louis XIV, on avait tenté de naturaliser, dans la forêt de Fontainebleau, l'essence des pins maritimes, dont le Maine et les Landes de Bordeaux étaient boisés; mais le rigoureux hiver de 1709 les avait fait périr, quoique déjà parvenus à un grand développement.

Depuis cette époque, on n'avait pas fait d'essai nouveau : c'est seulement sous l'administration de M. de Cheyssac, grand-maître des eaux et forêts du roi Louis XVI, qu'on réitéra ces tentatives dans la plaine qui, autrefois, avait été plantée de pins, ainsi que dans les triages du rocher d'Avon. L'hiver de 1789 en détruisit la plus grande partie. Alors, un excellent botaniste, M. Lemonnier, premier médecin du roi, imagina d'introduire dans la forêt de Fontainebleau le *Pin-Sylvestre*, vulgairement nommé *Pin-du-Nord*, pensant avec raison que cette essence résisterait aux plus grandes gelées.

D'après ses instructions, on fit des semis, puis des plantations au bas du petit Mont-Chauvet, dans l'endroit dit le Mail de Henri IV. La réussite a été complète, comme on peut en juger aujourd'hui. Les essais furent alors continués sur différens points de la forêt, jusque-là infertilisables.

Sous la restauration, le conservateur, M. le baron de Larminat, poussa fort loin ce mode de repeuplement, et son administration laissera de longues traces dans cette forêt, qui fut confiée à ses soins pendant près de vingt-cinq ans.

Après la révolution de 1830, à la suite d'une commotion politique aussi soudaine, tous les genres de travaux furent momentanément arrêtés. Les ouvriers de Fontainebleau se trouvèrent donc dans la plus grande misère. S. M. le Roi des Français, si plein de sollicitude pour cette classe intéressante de la société, s'empressa de consacrer des sommes considérables à de nouvelles plantations, ce qui, en contribuant à donner aux malheureux des moyens d'existence, fut en même temps avantageux pour le domaine de la Couronne. Des travaux de cette nature s'exécutent annuellement depuis cette époque, sous les ordres de M. Marrier de Boisdhyver; en sorte qu'avant quinze années on ne verra probablement plus de parties nues; car celles qui, jusque-là, avaient été réputées tout-à-fait stériles, pourront être entièrement rendues à la végétation.

Malgré toutes les améliorations successivement introduites, la forêt de Fontainebleau, d'une si grande étendue, et si riche sous tant de points de vue différens, est et sera encore long-temps d'un intérêt peu important sous le rapport de son produit; ce que nous devons faire observer, et ce que l'on croira difficilement, c'est que son revenu annuel est bien insuffisant pour couvrir les frais de restauration qu'elle nécessite, ainsi que ceux d'entretien de son vaste palais.

La forêt de Fontainebleau peut donc être dessinée de cette manière :

Un tiers du terrain produisant les hautes futaies ; la seconde partie, les taillis ; et la troisième, qui est la plus médiocre, devant porter avec profit les bois résineux. C'est d'après ce système, qu'on voit s'exécuter actuellement, d'un côté, des plantations pour futaies ou taillis, et d'un autre, des semis ou plantations de pins de diverses essences.

C'est ici l'occasion de citer les jolis vers de M. Castel, sur la plantation des pins, exécutée sous le règne de Louis XVI, par son premier médecin. Ils sont extraits du petit Poème sur la Forêt de Fontainebleau, composé en 1814 :

> Un peuple d'arbres verts nous appelle à son tour ;
> Né près de la Baltique, il orne ce séjour,
> Occupe les coteaux rebutés par nos chênes,
> Et prospère au milieu de stériles arènes.
> Honneur à Lemonnier, qui, sur cet heureux bord,
> A fait croître et fleurir les parures du nord !
> Par lui, Fontainebleau voit, malgré la froidure,
> Au front de ses rochers éclater la verdure ;
> Et nos ports n'auront point compté cinquante hivers,
> Les mâts qu'il a semés vogueront sur les mers.

Les principaux points de vue à visiter dans la forêt de Fontainebleau, sont :

1º Le *Mail de Henri IV*, ainsi nommé, parce

que ce prince avait choisi cet endroit à cause de sa proximité du château, pour s'y exercer au jeu du mail, qui consistait à pousser une boule de bois, d'un assez grand diamètre, avec une masse garnie de fer par les deux bouts.

2° Les *Rochers* et *la Vallée de la Solle*, à droite de la route de Paris. C'est, sans contredit, la situation la plus pittoresque de la forêt.

3° Le *Carrefour de Bellevue*, entre la route de Paris et celle de Melun, le long de la plaine de Chailly.

4° A gauche de la route de Paris, les *Gorges d'Apremont* et *de Franchard*, au-dessus desquelles on voit encore les restes d'un ancien ermitage, qui datait du règne de Philippe-Auguste et qui était devenu un monastère considérable. Il fut détruit par ordre de Louis XIV, parce que plusieurs fois des voleurs s'en étaient rendus maîtres, et exerçaient dans les environs leurs affreux brigandages.

Cet ermitage fut donné en toute propriété aux religieux Mathurins qui, pour cela, devaient, le surlendemain de la Pentecôte de chaque année, y célébrer l'office divin.

Depuis la suppression des ordres religieux, on a converti le monastère et la chapelle en maison et dépendances pour le garde de ce canton ; cependant, les habitans de Fontainebleau et des environs ne s'y rendent pas moins, tous les ans, le mardi de la Pentecôte. La jeunesse des deux sexes y accourt pour danser sur la pelouse à l'ombre des chênes ; et la foule, ordinairement considérable, ne se retire guères qu'à la naissance du jour, satisfaite d'avoir payé son tribut à la vieille renommée de la Fête de Franchard.

Près de la maison du garde, et dans une enceinte carrée entourée de murs, on a creusé, sous l'Empire, un puits, curieux par sa belle construction et sa profondeur qui est de 196 pieds.

Parmi les roches qui ceignent toute la plaine de Franchard, les bonnes gens du pays en citent une qui serait bien remarquable si, en effet, elle justifiait son nom (je veux parler de *la Roche qui pleure*). Ce n'est autre chose qu'une pierre d'une hauteur d'environ dix pieds, sur une largeur à peu près pareille, creuse à sa superficie et conservant l'eau des pluies pendant plusieurs mois de sécheresse, cette eau filtre lentement à travers les fentes et les pores de la roche, et finit par s'écouler goutte à goutte dans une espèce de petit bassin de grès brut qui est au-dessous.

5°. Des hauteurs de la forêt qui bordent la Seine, on découvre un fort joli point de vue formé d'une grande étendue de pays, cultivé et boisé. C'est sur l'une de ces hauteurs que l'on voit encore les restes de l'ancien ermitage de la Magdelaine, dont la fondation date du règne de Louis XIII ; ces restes consistent en une maison, bâtie sur le penchant de la colline et qui, par sa situation au-dessus du lit de la Seine, est une des habitations d'été les plus agréables.

6°. Enfin, *le Mont-Aigu*, à la droite de la route d'Orléans ; *le Haut-Mont* et la *Gorge-au-Loup*, à la gauche de celle de Nemours.

Mais, presque toutes les parties de forêt que je viens d'énumérer sont agrestes et sauvages. Pour avoir un contraste, il faut aller respirer sur les bords rians de la Seine et visiter le village de Thomery. Ce petit hameau, le plus laborieux et le plus riche du département de Seine-et-Marne s'élève en amphithéâtre sur un coteau qui tient à la forêt et dont le pied est baigné par les eaux du fleuve ; à Thomery, les rues sont des vergers, et les maisons des treilles. C'est de là que nous vient ce délicieux chasselas, que par flatterie pour la ville royale, on appelle raisin de Fontainebleau. Le long de nombreux murs, qui sillonnent et croisent en tous sens le coteau, de petits toits abritent le raisin contre la pluie. Des mains délicates en détachent les grains trop serrés : plus tard elles coupent la grappe, l'osier la renferme, la bruyère la protège, et pendant toute la saison d'automne, cinq à six mille paniers descendent chaque semaine la Seine jusqu'à Paris, où ils sont vendus, quelquefois au poids de l'or.

Il faudra revenir de Thomery à Fontainebleau par le village d'Avon, c'est le plus ancien de l'arrondissement. On y remarquera sa vieille et très modeste église qui remonte, dit-on, au dixième ou onzième siècle. Là reposent les cendres d'Ambroise Dubois, ce grand artiste qui fit tant et de si belles choses dans ce Palais de Fontainebleau, dont Avon fut la paroisse jusqu'au règne de Louis XIII.

Dans cette petite église furent déposés les restes du pusillanime et infortuné marquis de Monaldeschi, comme l'indique l'inscription suivante gravée sur une étroite pierre d'un pied carré, qu'on trouve en entrant près du bénitier :

Ci gît Monadelxi.

Sous le porche ont été inhumés, d'un côté le naturaliste Edme-Louis Daubenton, et de l'autre le mathématicien Etienne Bezout.

A la sortie de Fontainebleau pour aller à Melun, on remarquera, au bas de la montagne, un oratoire consacré à Notre-Dame-de-Bon-Secours; sur le plafond, est une peinture de M. Blondel, représentant un cavalier tombé de cheval, les éperons engagés dans l'étrier, et traîné par cet animal fougueux qui semble s'arrêter devant l'image de la Vierge.

Voici le fait qui a fourni le sujet de ce tableau :

Vers la fin de novembre 1664, un sieur d'Aubernon, gentilhomme ordinaire du prince de Condé, venait rejoindre la Cour à Fontainebleau; en descendant la montagne, son cheval s'emporte, le renverse, son éperon droit est pris dans l'étrier, il est traîné jusqu'à l'endroit où est maintenant la chapelle. Dans sa frayeur, il invoque le secours de la Vierge, le cheval s'arrête sur-le-champ, et le cavalier se relève sain et sauf.

En actions de graces, d'Aubernon fit placer une image de la Vierge sur le tronc d'un gros chêne, à l'endroit où son cheval s'était arrêté; plus tard, on y construisit un oratoire, qui fut détruit pendant la révolution de 1793, et réédifié sous la restauration.

Sur le sommet de la montagne, presque vis-à-vis de l'oratoire dont nous venons de parler, on voit une niche, bâtie en 1826 et destinée à recevoir trois croix, symbole de la Passion; près de là sont de très belles carrières de grès, qui méritent d'être visitées.

Les bois de Fontainebleau ont aussi leurs souvenirs funestes, comme toutes les autres forêts; ils ont leurs superstitieuses traditions : leur *Chasseur-Noir* et leur *Robin-des-Bois*. Celui de Fontainebleau s'appelait le Grand-Veneur, point méchant, point provocateur, mais chasseur heureux et d'une activité telle qu'au même instant on le voyait ou on l'entendait partout, sur tous les points. Henri iv cheminait soucieux à travers les routes qu'il venait de faire percer dans cette forêt, vierge jusqu'à l'époque de son apparition à

Fontainebleau; il était mécontent: deux fois, sa meute et ses veneurs avaient manqué le cerf. A la chasse, à la guerre, en amour, il aimait à vaincre..... Tout-à-coup il entend, non loin de lui, le galop des chevaux, les aboiemens des chiens et le son des cors dont les fanfares célébraient la victoire. Quel est l'audacieux, s'écriat-il, pâle de colère ! Vingt courtisans à ces mots ce sont élancés à travers le bois. Aussitôt il en sortit, à quelques pas du prince et devant ses yeux, un homme d'une taille tout-à-fait extraordinaire, vêtu de noir, au visage livide, à l'œil étincelant, *m'entendez-vous*, dit-il d'une voix tonnante ? puis, comme un éclair, il s'enfonça dans l'épaisseur de la forêt.... Chacun resta stupéfait; Henri iv, rêveur, mélancolique, regagna silencieusement le château. Dans ses pressentimens, tout n'était pas vaines terreurs, illusions, fantômes !

Nulle part on ne rencontre une aussi grande quantité de plantes que dans la forêt de Fontainebleau, cependant on n'en connaît aucune qui soit positivement spéciale à son sol.

Les élèves de l'école de botanique de Paris viennent, chaque année, en grand nombre, l'explorer, et s'en retournent toujours satisfaits du résultat de leurs courses ; les productions phytologiques qu'ils rencontrent, toutes d'une belle venue, leur offrent une grande facilité pour l'analyse. On y voit souvent aussi des étrangers et principalement des Anglais, qui viennent y préparer des herbiers pour eux ou pour les écoles auxquelles ils appartiennent. Enfin, on dirait que la nature a réuni à Fontainebleau et aux environs, tout ce qui peut contribuer à la faire étudier dans ses plus petits détails.

On y trouve une grande quantité d'espèces de champignons ; les uns peuvent être servis sur les meilleures tables, comme assaisonnement des mets les plus délicats ; les autres, au contraire, sont nuisibles et quelquefois mortels.

Dans un des voyages de la cour impériale à Fontainebleau, le cardinal Caprara, nonce du pape, parcourant un jour la forêt, crut avoir rencontré, dans les environs du rocher de Montigny, la bonne *Oronge*, champignon dont les Italiens sont très friands ; il en fit cueillir par ses gens. A son retour, ce mets fut préparé et servi sur la table du cardinal ; mais il n'en eut pas plutôt mangé, qu'il ressentit dans l'estomac les douleurs les plus aiguës. Le docteur Paulet fut appelé aussitôt, et arriva à temps pour administrer le contre-poison : il produisit le meilleur effet, et sauva du danger de la mort ce prince de l'Église romaine, qui en fut quitte pour la fièvre pendant quelques jours.

Entr'autres productions naturelles que renferme la forêt, on peut citer, comme une chose remarquable, les cristaux de grès, dont la dureté est pareille à celle de la roche même, et qu'on trouve souvent réunis en fort beaux groupes enveloppés de sable très-fin et très-pur; le principal endroit où on en a découvert, est situé au-delà de la vallée de la Solle, et se nomme le rocher Saint-Germain.

Mais la forêt de Fontainebleau, si agréable pendant les chaleurs de l'été, à cause de l'ombre de ses vieux arbres, renferme, comme beaucoup d'autres forêts de la France, une prodigieuse quantité d'insectes; le ver blanc, ou larve du hanneton, y existe plus que partout ailleurs, et y fait, aux plantations nouvelles des dégâts souvent très considérables.

Elle renferme aussi plusieurs reptiles, parmi lesquels on distingue surtout la Vipère-Aspic, que l'on a nommé, à tort ou à raison, la Vipère de Fontainebleau. C'est un serpent qui, dans sa jeunesse, a une robe ressemblant en quelque sorte à de la marqueterie, sur un fond jaunâtre, gris ou rougeâtre. Quand il est parvenu à son degré de croissance, qui est d'environ deux pieds de longueur sur à peu près un pouce de diamètre au milieu du corps, il n'a plus, sur le dos, que trois rangs de taches noirâtres, formant trois chaînes longitudinales et festonnées; le dessous du ventre est de couleur d'acier ou d'ardoise claire; la queue est rousse ou plus ou moins jaune, surtout à l'extrémité qui est terminée par deux points noir et blanc. Sa tête est plate et presque toute plane, excepté aux orbites qui sont un peu saillans; elle forme à peu près le triangle obtus, et est ornée de traits ou caractères noirs sur un fond gris-perle. Le savant docteur Paulet, médecin du palais de Fontainebleau, qui a consacré près de quatre-vingts ans de sa vie à étudier son art, ayant été appelé plusieurs fois pour porter secours à des personnes qui avaient été mordues par des vipères, forma le projet de détruire ce reptile dans la forêt, en offrant une prime par chaque tête qu'on lui apporterait. Cette méthode de destruction est continuée depuis ce temps-là par le docteur Bardout, successeur de ce célèbre médecin, et le trésor de la Couronne rembourse chaque année les avances qu'il fait pour cela. Les morsures de ce serpent sont aujourd'hui fort rares; d'ailleurs il n'attaque pas, il fuit au contraire avec vivacité au moindre bruit, et ne se défend que quand on l'irrite, ou qu'on marche dessus par mégarde.

Avant de terminer le chapitre sur la Forêt, et ce petit Ouvrage déjà assez long pour le voyageur qui n'a que quelques heures à donner à Fontainebleau, il n'est pas, je pense, hors de propos de rappeler ici l'impression que cette immense forêt a produite sur le professeur Bérenger, l'un des plus féconds écrivains du dernier siècle, et qu'il raconte de la manière suivante, dans son *Voyage à Marseille*.

« Elle est affreusement belle; ces vieux chênes,

« ces roches cariées, noires, informes ; ces blocs
« de grès entassés au hasard, à moitié exploités
« pour l'écarrissement des pavés ; ces hêtres
« élancés dans les airs ou couchés à terre, ébran-
« chés par la foudre ou prêts à tomber : voilà ce
« que j'ai vu dans les plaisirs du roi. »

Un autre *Béranger*, notre chantre national, le plus français des poètes, plus noble appréciateur des beautés de la forêt de Fontainebleau, est venu demander récemment des inspirations et du repos à ses vieux ombrages. La ville royale a compté, pendant les années 1835 et 1836, cet illustre solitaire au nombre de ses habitans. Elle l'a vu avec un vif regret s'éloigner d'elle ; mais un parfum de cette renommée si modeste lui est resté du moins comme un de ses plus agréables souvenirs.

FIN.

NOTES.

NOTES.

(1) Voici l'acte du mariage religieux de Louis xv et de Marie Leczinska, tel qu'il se trouve dans le registre déposé à la Mairie de Fontainebleau.

Aujourd'hui, cinquième jour de septembre mil sept cent vingt-cinq. Très haut, très excellent, très puissant prince Louis xv, roi de France et de Navarre, et très haute, très excellente et très puissante princesse Marie, fille de très haut, très excellent et très puissant prince Stanislas Ier, roi de Pologne, et de très haute, très excellente et très puissante princesse Catherine Opalinska, reine de Pologne, ses père et mère; ont reçu la bénédiction nuptiale dans la chapelle royale du château de Fontainebleau, par les mains de très haut et puissant prince l'éminentissime cardinal de

Rohan, grand-aumônier de France : Nous soussigné Jean Jomard, prêtre, curé de Fontainebleau, présent; après qu'ils se sont donné de nouveau leur consentement par paroles de présent, et qu'ils ont ratifié autant que besoin le mariage par eux contracté à Strasbourg, le quinzième jour du mois d'août dernier, en vertu de la procuration spéciale donnée à cette fin, à très haut et très puissant prince monseigneur Louis, duc d'Orléans, ainsi qu'il est contenu dans l'acte de célébration dudit mariage, et ce, ensuite des fiançailles faites du jour précédent dans ladite ville de Strasbourg.

Fait à Fontainebleau, ledit jour et an que dessus, en présence de très hauts et très puissans princes messeigneurs Louis duc d'Orléans; Louis Henry de Bourbon, prince de Condé; Charles de Bourbon, comte de Charolois; Louis de Bourbon, comte de Clermont; Louis Armand de Bourbon, prince de Conty; tous princes du sang qui ont signé.

       Louis.

  Marie.

Louis D'Orléans.

      L. H. de Bourbon.

Charles de Bourbon.

       Louis de Bourbon.

L. Armand de Bourbon.

       A. cardinal de Rohan.

Jomard, curé.

(2) Acte civil du mariage de S. A. R. Monseigneur le duc d'Orléans.

PERSONNES ROYALES PRÉSENTES ET INDIQUÉES
D'APRÈS L'ORDRE DE LA CÉRÉMONIE.

S. M. le Roi des Français.
Aux deux côtés du roi: le Prince royal et sa noble fiancée.
A droite : S. M. la reine des Français; S. M. le roi des Belges: LL. AA. RR. le duc de Nemours, le prince de Joinville, le duc d'Aumale et le duc de Montpensier.
A gauche : S. A. R. la grande duchesse de Mecklembourg; S. M. la reine des Belges ; LL. AA. RR. les princesses Marie, Clémentine et *Madame*, princesse Adélaïde.

—

De l'autre côté de la table, les ministres, le président, le grand-référendaire, et l'archiviste de la chambre des Pairs.
Dans le second hémicycle formé par la table, les témoins,
Pour le prince royal :
Les quatre vice-présidens de la chambre des Pairs ; le président et les quatre vice-présidens de la chambre des Députés, les maréchaux Soult, duc de Dalmatie; comte Gérard, grand-chancelier de la légion-d'honneur; comte de Lobau, commandant de la garde nationale de Paris, et S. Ex. le prince de Talleyrand.
Pour la princesse Hélène :
Le baron de Rantzau, vice-grand-écuyer du grand duché

de Mecklembourg Schwerin ; le duc de Choiseul, pair de France, et M. Bresson, pair de France, ambassadeur en Prusse.

L'an mil huit cent trente-sept, le mardi trentième jour du mois de mai, à huit heures et demie du soir.

Nous Etienne-Denis, baron Pasquier, chancelier de France, pair de France, président de la chambre des Pairs, grand croix de l'ordre royal de la Légion-d'Honneur, remplissant, aux termes de l'ordonnance royale du vingt-trois mars mil huit cent seize, les fonctions d'officier de l'état civil à l'égard des princes et princesses de la maison royale, nous sommes transporté, d'après les ordres du Roi, avec Elie, duc Decazes, pair de France, grand-référendaire de la chambre des Pairs, commandeur de l'ordre royal de la Légion-d'Honneur, accompagné d'Eugène-François Cauchy, chevalier de l'ordre royal de la Légion-d'Honneur, garde des archives de la chambre des Pairs;

Au château royal de Fontainebleau, dans la galerie de Henri II, où s'étaient également rendus, par ordre du Roi, Mathieu-Louis, comte Molé, pair de France, ministre secrétaire d'État au département des affaires étrangères, président du conseil des ministres, officier de l'ordre royal de la Légion-d'Honneur, et Félix Barthe, pair et garde des sceaux de France, ministre secrétaire d'Etat au département de la justice et des cultes, grand-officier de l'ordre royal de la Légion-d'Honneur ;

Où étant, avons procédé à l'acte de mariage de très haut et très puissant prince Ferdinand-Philippe-Louis-Charles-Henri d'Orléans, duc d'Orléans, prince royal, né à Palerme, le trois septembre mil huit cent dix, fils de très haut, très puissant et très excellent prince Louis-Philippe, premier du nom, Roi des Français, et de très haute, très puissante et très excellente princesse Marie-Amélie, Reine des Français, d'une part;

Et très haute et très puissante princesse Hélène-Louise-Elisabeth, princesse de Mecklembourg-Schwerin, née à Ludwigslust, le vingt-quatre janvier mil huit cent quatorze, fille de feu très haut et très puissant prince Frédéric-Louis, grand-duc héréditaire de Mecklembourg-Schwerin, décédé le vingt-neuf novembre mil huit cent dix-neuf, et de feu très haute et très puissante princesse Caroline-Louise de Saxe-Weymar, grande-duchesse héréditaire de Mecklembourg-Schwerin, décédée le vingt janvier mil huit cent seize, d'autre part.

Et à cet effet, en présence de LL. MM. le Roi et la Reine des Français, comme aussi en présence de très haute et très puissante princesse Auguste-Frédéricque de Hesse-Hombourg, grande-duchesse héréditaire-douairière de Mecklembourg-Schwerin, belle-mère de la princesse future épouse, agissant en vertu des droits et pouvoirs à elle conférés par très haut et très puissant prince Frédéric, grand-duc régnant de Mecklembourg-Schwerin; en présence également de très haut, très puissant et très excellent prince Léopold, premier du nom, roi des Belges, duc de Saxe, prince de Cobourg-Gotha, et de très haute, très puissante et très excellente princesse Louise-Marie-Thérèse-Caroline-Isabelle, princesse d'Orléans, reine des Belges, duchesse de Saxe, princesse de Cobourg-Gotha; en présence également de très hauts et très puissans princes Louis-Charles-Philippe-Raphaël d'Orléans, duc de Nemours, François-Ferdinand-

Philippe-Louis-Marie d'Orléans, prince de Joinville, Henri-Eugène-Philippe-Louis d'Orléans, duc d'Aumale, Antoine-Marie-Philippe-Louis d'Orléans, duc de Montpensier, fils de LL. MM. le Roi et la Reine des Français; de très hautes et très puissantes princesses Marie-Christine-Caroline-Adélaïde-Françoise-Léopoldine, princesse d'Orléans, Marie-Clémentine-Caroline-Léopoldine-Clotilde, princesse d'Orléans, fille de LL. MM.; et de très haute et très puissante princesse Eugène-Adélaïde-Louise, princesse d'Orléans, sœur du Roi.

Et aussi en présence des témoins désignés par le Roi, savoir :

Antoine-Jean-Mathieu, baron Séguier, vice-président de la chambre des Pairs, grand'croix de l'ordre royal de la Légion-d'Honneur; Joseph-Marie, comte Portalis, vice-président de la chambre des Pairs, grand'croix de l'ordre royal de la Légion-d'Honneur; Achille-Léonce-Victor-Charles, duc de Broglie, vice-président de la chambre des Pairs, grand'croix de l'ordre royal de la Légion-d'Honneur; Dominique-François-Marie, comte de Bastard, vice-président de la chambre des Pairs, grand officier de l'ordre royal de la Légion-d'Honneur; André-Marie-Jean-Jacques Dupin, président de la chambre des Députés, grand-officier de l'ordre royal de la Légion-d'Honneur; Jean Calmon, vice-président de la chambre des Députés, commandant de l'ordre royal de la Légion-d'Honneur; Jules-Paul-Benjamin Delessert, vice-président de la chambre des Députés, commandeur de l'ordre royal de la Légion-d'Honneur; Jean-François, vicomte Jacqueminot, vice-président de la chambre des Députés, grand-officier de l'ordre royal de la Légion-d'Honneur; Laurent Cunin-Gridaine, vice-président de la chambre des Députés, officier de l'ordre royal de la Légion-d'Honneur; Jean-de-Dieu Soult, duc de Dalmatie, pair et maréchal de France, grand'croix de l'ordre royal de la Légion-d'Honneur; Maurice-Etienne, comte Gérard, pair et maréchal de France, grand-chancelier et grand'croix de l'ordre royal de la Légion-d'Honneur; Georges Mouton, comte de Lobau, pair et maréchal de France, commandant en chef la garde nationale du département de la Seine, grand'croix de l'ordre royal de la Légion-d'Honneur; Charles-Maurice, prince, duc de Talleyrand, pair de France, grand'croix de l'ordre royal de la Légion-d'Honneur; Charles-Frédéric-Guillaume, baron Rantzau, maréchal de cour et vice-grand-écuyer du grand-duché de Mecklembourg-Schwerin; Claude-Antoine-Gabriel, duc de Choiseul, pair de France, grand'croix de l'ordre royal de la Légion-d'Honneur; Charles-Joseph Bresson, pair de France, envoyé extraordinaire et ministre plénipotentiaire du Roi près S. M. le roi de Prusse, commandeur de l'ordre royal de la Légion-d'Honneur.

Après avoir pris les ordres du Roi, avons fait aux hautes parties contractantes les demandes ci-après :

Très haut et très puissant prince Ferdinand-Philippe-Louis-Charles-Henri d'Orléans, duc d'Orléans, prince royal, déclarez-vous prendre en mariage très haute et très puissante princesse Hélène-Louise-Elisabeth, princesse de Mecklembourg-Schwerin, ici présente? Et à ce S. A. R. a répondu : Oui, Monsieur.

Très haute et très puissante princesse Hélène-Louise-Elisabeth, princesse de Mecklembourg-Schwerin, déclarez-vous prendre en mariage très haut et très puissant prince Ferdinand-Philippe-Louis-Charles-Henri d'Orléans, duc d'Orléans, prince royal, ici présent? Et à ce S. A. R a répondu : Oui, Monsieur.

Sur quoi nous avons dit :

Par ordre du Roi, et au nom de la loi, nous déclarons que très haut et très puissant prince Ferdinand-Philippe-Louis-Charles-Henri d'Orléans, duc d'Orléans, prince royal, et très haute et très puissante princesse Hélène-Louise-Elisabeth, princesse de Mecklembourg-Schwerin, sont unis en mariage.

De tout quoi nous avons rédigé le présent acte, qui a été signé après lecture faite.

Ont signé :

Ferdinand d'Orléans,
Hélène-Louise-Elisabeth de Mecklembourg-Schwerin,
Louis-Philippe,
Marie-Amélie,
Auguste-Frédéricque,

Léopold, — Louise, — Louis d'Orléans, — François d'Orléans, — Henri d'Orléans, — Antoine d'Orléans, — Marie d'Orléans, — Clémentine d'Orléans, — E.-Adelaïde-L. d'Orléans.

Séguier, — Portalis, — de Broglie, — de Bastard, — Dupin, — Calmon, — Delessert, — Jacqueminot, — Cunin-Gridaine, — duc de Dalmatie, — comte Gérard, — prince de Talleyrand, — baron Rantzau, — duc de Choiseul, — Bresson, — Molé, — Barthe, — Pasquier, — duc Decazes. — E. Cauchy.

(3) Barbier (Antoine-Alexandre) savant bibliographe, est né à Coulommiers, le 11 janvier 1765. Après avoir fait avec succès ses études au collége de Meaux, il vint à Paris suivre ses cours de philosophie et de théologie. A l'époque de la révolution de 1789, il était vicaire à Dammartin et fut nommé en 1791 par les électeurs à la cure de la Ferté-sous-Jouarre. En 1793, il renonça à la prêtrise, se maria et fut rendu à l'état séculier par une bulle du pape. Le département de Seine-et-Marne l'envoya à Paris en 1794, comme élève de l'école normale. Peu de temps après il fut choisi pour faire partie de la commission temporaire des arts, puis adjoint au comité d'instruction publique de la convention nationale, section de bibliographie. Il rendit alors aux lettres des services inappréciables, en sauvant de la destruction, et en faisant placer dans les bibliothèques de la capitale, des trésors littéraires dispersés pendant les orages de la révolution, ou entassés dans des dépots formés à la hâte après la suppression de divers établissemens civils et ecclésiastiques. Plus tard il fut successivement bibliothécaire du directoire, des consuls, du conseil d'état et de l'Empereur; on doit à Barbier la création des bibliothèques du Louvre, de Fontainebleau et de plusieurs autres résidences royales.

Comme bibliothécaire de l'Empereur, Barbier fut souvent appelé près de Napoléon; il lui présentait les principaux ouvrages au moment de leur publication : pendant ses campagnes, il les lui adressait à son quartier-général avec l'analyse qu'il en avait faite et le jugement qu'il en portait lui-même. Bien souvent Napoléon chargea son bibliothécaire de lui faire des rapports sur divers points d'histoire, de politique, et quelquefois sur des matières religieuses : c'est ainsi que Napoléon lui fit demander des rapports ou mémoires sur les libertés de l'église gallicane, sur la déclaration du clergé de France de 1682 ; sur la tiare et son origine ; sur les campagnes qui ont eu lieu le long de l'Euphrate et contre les Parthes, depuis Crassus jusqu'au huitième siècle, en y comprenant celles d'Antoine, de Trajan, de Julien, etc.; sur la question de savoir s'il y avait des exemples d'empereurs ou de rois qui eussent suspendu ou dépossédé des papes... sur différens auteurs grecs et latins non encore traduits et qui devaient l'être d'après ses ordres... sur les formes suivies depuis Charlemagne et sous les rois de la troisième race, pour le couronnement de l'héritier présomptif du royaume ; enfin sur d'autres points qu'il serait trop long d'énumérer, tels que le choix de livres qu'il voulait faire imprimer pour sa bibliothèque portative, etc., etc.

Après la chute de l'Empire, Barbier resta chargé de l'administration des bibliothèques de la couronne, jusqu'en 1822, époque où, sans le moindre motif, il fut brusquement enlevé à des fonctions qui faisaient ses délices et dans lesquelles il montra continuellement un esprit supérieur. Le chagrin que lui fit éprouver cette injustice inqualifiable, abrégea ses jours. Sa sensibilité naturelle ne put lutter contre un coup aussi déloyalement porté; dès lors il ne fit que végéter et mourut le 5 septembre 1825.

Barbier, l'un de nos bibliographes les plus remarquables, a doté notre littérature d'un grand nombre de productions d'un haut intérêt, parmi lesquelles nous ne citerons que son Dictionnaire des ouvrages anonymes et pseudonymes. Dans le dernier volume de la deuxième édition, se trouve une notice biographique sur ce savant distingué, œuvre de M. Louis Barbier son fils, sous-bibliothécaire du roi : c'est un juste tribut de reconnaissance payé par la piété filiale à la mémoire d'un père qui a consacré tous les instans de sa vie à son pays, à sa famille, et à l'étude.

FIN DES NOTES.

TABLE

DES MATIÈRES.

PREMIÈRE PARTIE. — HISTORIQUE.

	Pages
Avant-Propos.	iii
Pièce de vers sur Fontainebleau.	ix
I. Fontainebleau avant François Ier.	3
II. Sous François Ier et ses successeurs jusqu'à Henri iv.	8
III. Sous Henri iv.	18
IV. Sous Louis xiii.	27
V. Sous Louis xiv et ses successeurs.	31
VI. Sous l'Empire.	60
VII. Sous la Restauration.	81
VIII. Sous le roi des Français Louis-Philippe Ier.	88

DEUXIÈME PARTIE. — DESCRIPTION.

I. De la ville de Fontainebleau.	109
II. Extérieur du Palais.	115
III. Intérieur du Palais.	124
Salle de Bal ou galerie de Henri ii.	127
Salle d'Attente, ou de Louis-Philippe.	138
Galerie de François Ier.	141
Galerie de Diane.	148

	Pages
IV. Chapelles.	159
— de Saint-Saturnin.	160
— Haute, ou du Roi.	163
— de la Sainte-Trinité.	167
V. Appartemens.	176
Grands appartemens.	178
Porte-Dorée.	id.
Escalier du Roi.	182
Appartement de Madame de Maintenon.	186
Salle des Gardes.	187
— de la Comédie.	195
— dite autrefois du Buffet.	196
— dite de Saint-Louis.	197
Salon de Louis XIII.	198
— de François Ier.	205
— des Tapisseries.	206
Ancienne Salle des gardes de la Reine.	207
Salon de Clorinde.	208
Grand Salon de la Reine.	id.
Chambre à coucher de la Reine.	id.
Boudoir de la Reine.	209
Salle du Trône.	210
Salon de Famine, autrefois Salle du Conseil.	212
Chambre à coucher de Napoléon.	214
Cabinet de l'abdication.	id.
Cabinet de travail.	215
Bureau du premier Secrétaire du cabinet.	id.
Salon des Huissiers.	id.
Antichambre du Fer-à-Cheval	216

TABLE.

	Pages
Ancien appartement des reines-mères, du pape Pie VII, et aujourd'hui du Prince Royal.	217
Petits appartemens.	224
Récapitulation des embellissemens, etc., exécutés sous le roi Louis-Philippe Ier.	226
VI. Des Jardins.	231
Jardin particulier du Roi.	232
Parterre.	235
Jardin anglais.	237
Pavillon de l'Étang.	241
VII. Du Parc.	243
La Héronnière, aujourd'hui les Écuries du Roi.	244
La Treille du Roi.	245
Le Canal.	246
VIII. De la Forêt.	248
L'étymologie de son nom.	249
Ses principaux points de vue.	255
L'ermitage de Franchard.	256
Les villages de Thomery et d'Avon.	258
La Chapelle de Notre-Dame-de-Bon-Secours	259
La Vision de Henri IV.	260
Des diverses productions de la Forêt.	264
NOTES. — Acte de mariage de Louis XV.	269
— de Monseigneur le duc d'Orléans.	271
Note biographique sur le savant bibliographe Barbier.	277

FIN DE LA TABLE.

ERRATA.

Page 24, ligne 4, *au lieu de* le prouva, *lisez* l'éprouva.
Page 50, ligne 8, *au lieu de* equo, *lisez* equuo.
Page 98, à la suite de la ligne 26, *lisez :* et le soir un magnifique feu d'artifice, offert par la ville, fut tiré dans le parterre.
Page 99, à la fin de la ligne 4, après ces mots, le Roi des Français, *ajoutez* le Roi des Belges.
Page 103, ligne 20, *au lieu de* salon de Louis VIII, *lisez* salon de Louis XIII.
Page 113, ligne 24, *au lieu de* la modestie, *lisez* sa modestie.
Page 161, ligne 13 : l'alinéa doit être lu de la manière suivante :
« Ces admirables vitraux sont ornés de sujets composés avec un sentiment
« si naïf d'expression que, sans la pureté de travail et d'exécution qui les
« distinguent, on les prendrait pour des peintures du vieux temps. »

CARTE DE LA FORÊT DE FONTAINEBLEAU

www.ingramcontent.com/pod-product-compliance
Lightning Source LLC
Chambersburg PA
CBHW071339150426
43191CB00007B/793